班组安全建设100例丛书

班组
安全操作规程
100例

崔政斌　赵　峰　编著

BANZU
ANQUAN CAOZUO GUICHENG
100LI

化学工业出版社

·北京·

内 容 简 介

《班组安全操作规程 100 例》是"班组安全建设 100 例丛书"中的一个分册。

本书第一章为建筑施工安全操作规程；第二章为机械工人安全操作规程；第三章为电工作业安全操作规程；第四章为危险化学品安全操作规程。

因为建筑业对于经济发展具有重要作用，机械工业是工业之母，电力工业是一切工业的主要动力之源，危险化学品工业危险性较大，是安全生产的重点。选取这几个行业的操作规程既突出重点，又普遍适用。本书部分内容配有视频讲解，读者可通过扫描二维码观看。

本书可供企业管理人员、技术人员和班组长在工作中参阅，也可供有关院校的师生在教学工作中参考。

图书在版编目（CIP）数据

班组安全操作规程 100 例/崔政斌，赵峰编著. —北京：化学工业出版社，2021.7（2023.1 重印）
（班组安全建设 100 例丛书）
ISBN 978-7-122-38939-8

Ⅰ.①班⋯ Ⅱ.①崔⋯②赵⋯ Ⅲ.①班组管理-安全操作规程-案例 Ⅳ.①F406.6-65

中国版本图书馆 CIP 数据核字（2021）第 068275 号

责任编辑：高　震　杜进祥　　　　　　文字编辑：林　丹　段曰超
责任校对：宋　夏　　　　　　　　　　　装帧设计：韩　飞

出版发行：化学工业出版社（北京市东城区青年湖南街 13 号　邮政编码 100011）
印　　装：天津盛通数码科技有限公司
710mm×1000mm　1/16　印张 12　字数 198 千字
2023 年 1 月北京第 1 版第 2 次印刷

购书咨询：010-64518888　　　　　　　　售后服务：010-64518899
网　　址：http://www.cip.com.cn
凡购买本书，如有缺损质量问题，本社销售中心负责调换。

定　　价：48.00 元　　　　　　　　　　　　　　　　版权所有　违者必究

丛书序言

2004年,我们出版了《班组安全建设方法100例》,之后又出版了《班组安全建设方法100例新编》,紧接着出版了《班组安全建设方法100例》第二版、第三版和《班组安全建设方法100例新编》第二版。在这十几年的时间里,我们共出版班组安全图书5种,为满足广大读者的需求,多次重印,累计发行超过数万册。这也说明,班组的安全工作是整个企业安全工作的基础,班组安全工作的顺利进行,企业的安全工作即顺利进行,这是广大企业的共识。

我们感觉到,虽然班组安全建设图书得到了广大读者的厚爱,但是,反过来再看这些出版了的班组安全图书,总觉得有些不全面、不系统、不完善。很有必要把原先的好的班组安全管理方法保留下来,增加、充实一些诸如班组现场安全管理、班组安全操作规程、班组安全教育和班组安全文化建设方面的内容,形成一套系列丛书,可能会对企业班组和广大班组员工的安全生产、安全管理、安全检查、安全教育、安全法制、安全思想、安全文化等诸方面起到不一样的引导、促进作用。于是,我们在原来班组安全图书的基础上,进行了扩充、完善和增补,形成了"班组安全建设100例丛书"。该丛书包括《班组长安全管理妙招100例》《班组现场安全管理100例》《班组安全操作规程100例》《班组安全教育100例》《班组安全文化建设100例》。

《班组长安全管理妙招100例》基本上是优选的管理经典,结合现在企业班组安全管理和班组长的状况,我们从生产一线精选出100个密切联系实际、贴合班组、心系员工的例子,来给广大班组长安全管理出主意、想办法、共谋略、同发展。

《班组现场安全管理100例》按照一般企业班组现场安全生产和安全管理的要求,从现场作业的安全方法、现场安全管理的国家政策、现场安全思想工作方法、现场的应急与救护,用100个例子全面系统地加以阐述,其目的是给班组现场安全管理提供一些思路和方法。

《班组安全操作规程 100 例》包含建筑施工、机械、电工、危险化学品四个行业的常用安全操作规程。建筑施工比较普遍,现代化建设离不开建筑施工。机械的规程是必须要有的,因为机械工业是一切工业之母。电工作业安全规程也是必不可少的,因为工业生产的动力之源主要是电源。另外,危险化学品的生产、操作、储存、运输环节都是危险的,很有必要汇入本分册中。

《班组安全教育 100 例》针对原书中方法较少的不足,新增大部分篇幅,对班组安全教育应"寓教于乐"、班组安全教育方法、班组安全工作谈话谈心教育以及新时期班组安全教育探讨,均做了一定的归纳、整理和研究。旨在让广大员工在进行安全教育活动时,能够取得好的成绩和效果。

《班组安全文化建设 100 例》从企业安全文化发展的趋势以及班组安全文化建设的思路、方法、思想等方面进行研究和探索。从班组安全文化建设的基本方法、班组安全文化建设的思想方法、班组安全文化建设的管理方法和班组安全文化建设的操作方法四个方面全面论述班组安全文化建设,为班组提供安全文化建设方法和食粮。

在我们编写这套丛书的过程中,化学工业出版社有关领导和编辑给予了悉心指导和大力帮助,在此出版之际,表示衷心的感谢和诚挚的敬意。也感谢参与本丛书编写的各位同志,大家辛苦了。

崔政斌
2020 年 9 月于河北张家口

前 言

多年的班组安全生产实践证明,班组的安全工作离不开制度的约束,也离不开规程的指导,所以,对一个班组来说安全管理制度和安全操作规程是缺一不可的。正是基于这种认识,我们想在"班组安全建设100例丛书"中编写一本《班组安全操作规程100例》。

本书分为四章,第一章为建筑施工安全操作规程;第二章为机械工人安全操作规程;第三章为电工作业安全操作规程;第四章为危险化学品安全操作规程。因为企业成千上万,所涉及的专业工种也数不胜数,不可能在一本书中包罗万象。因此,本书选取了通用的建筑施工安全操作规程,因为我国正全面建成小康社会,建筑施工随处可见,其安全操作显得尤为重要。

机械工业是工业之母,机械企业的安全管理工作主要集中在技术和设备层面。由于对人的管理存在缺失,很多机械企业在安全领域出现了较为严重的问题,这类问题出现的最根本原因便是机械企业对事前安全管理工作的忽视。在安全操作规程的指导下,机械企业能够将以往模糊的安全问题量化,由此实现动态循环管理,可为机械企业的长期可持续发展、消除违章作业问题提供有力支持,机械工人安全操作规程非常重要。

电工作业安全操作规程是工作人员确保安全的"护身符"。现代企业生产的劳动环境具有几个明显的特点:一是电气设备多;二是高温、高压设备多;三是易燃易爆物品多;四是高速旋转机械多;五是特种作业多。这些特点表明企业生产的劳动条件和环境相当复杂,本身就潜伏着许多不安全因素,对职工的人身安全构成威胁。因此,安全工作稍有疏忽,潜伏的不安全因素随时会转变为不安全的事实,潜在的危险性随时会转变为现实的人身伤害事故。这就要求我们必须从保障用电职工的人身安全和身体健康、保护用电职工的切身利益的出发,进一步认识电工作业安全操作规程的重要意义。

危险化学品安全操作规程是进行危险化学品生产、储存、运输、使用的准则。化学品是人类生产和生活不可缺少的物品。目前世界上发现的700多万种化学品中，部分化学品因其所固有的易燃、易爆、有毒、有害、腐蚀、放射等危险特性被划为危险化学品。危险化学品是一把双刃剑，它一方面在发展生产、改变环境和改善生活中发挥着不可替代的积极作用；另一方面，当我们违背科学规律、疏于管理时，其固有的危险性将对生命、财产和环境的安全构成极大威胁。因此，必须有规范的危险化学品安全操作规程才能保障安全生产。

通过建筑施工安全操作规程、机械工人安全操作规程、电工作业安全操作规程、危险化学品安全操作规程的建立，能够满足这四个行业的安全需求，这样既有典型性又有普遍性，以此来满足不同读者的需求。

本书配有视频讲解，读者扫描书中的二维码，在手机上即可观看，帮助读者深入理解操作规程。视频由化工安全教育公共服务平台提供，在此表示衷心感谢。

本书在写作过程中得到了化学工业出版社有关领导和编辑的悉心指导，再次表示衷心的感谢。本书在写作过程中也得到了石跃武、崔佳、杜冬梅、李少聪等同志提供资料和输入文字等方面的帮助，在此，也表示诚挚的谢意。

由于编著者水平所限，书中难免存在疏漏，请广大读者批评指正。

崔政斌　赵　峰
2020年9月于河北张家口

目 录

第一章　建筑施工安全操作规程

1. 施工现场重点部位防火防爆安全操作规程 …………… 002
2. 地下工程施工安全操作规程 ……………………………… 004
3. 高层建筑施工防火防爆安全操作规程 …………………… 005
4. 现浇整体式模板工程安全操作规程 ……………………… 007
5. 扣件式钢管支撑结构模板工程安全操作规程 …………… 009
6. 门式钢管脚手架支撑模板工程施工安全操作规程 …… 012
7. 液压滑动模板工程施工安全操作规程 …………………… 013
8. 大模板施工安全操作规程 ………………………………… 016
9. 高处作业安全操作规程 …………………………………… 017
10. 临边作业安全操作规程 …………………………………… 020
11. 洞口作业安全操作规程 …………………………………… 020
12. 攀登作业安全操作规程 …………………………………… 022
13. 悬空作业安全操作规程 …………………………………… 023
14. 脚手架搭设安全操作规程 ………………………………… 026
15. 脚手架拆除安全操作规程 ………………………………… 027
16. 电动吊篮安全操作规程 …………………………………… 029
17. 蛙式夯实机安全操作规程 ………………………………… 031
18. 振动桩、锤安全操作规程 ………………………………… 032
19. 泥浆泵安全操作规程 ……………………………………… 034
20. 混凝土搅拌机安全操作规程 ……………………………… 035
21. 混凝土喷射机安全操作规程 ……………………………… 037
22. 混凝土振动器安全操作规程 ……………………………… 038

第二章　机械工人安全操作规程

23. 车床安全操作规程 …………………………………… 041
24. 铣床安全操作规程 …………………………………… 042
25. 刨床安全操作规程 …………………………………… 044
26. 钻床安全操作规程 …………………………………… 046
27. 镗床安全操作规程 …………………………………… 047
28. 磨床安全操作规程 …………………………………… 048
29. 数控车床安全操作规程 ……………………………… 050
30. 砂轮机工安全操作规程 ……………………………… 051
31. 机修钳工安全操作规程 ……………………………… 052
32. 设备安装工安全操作规程 …………………………… 053
33. 机械维修工安全操作规程 …………………………… 054
34. 机械装配工安全操作规程 …………………………… 058
35. 铆工安全操作规程 …………………………………… 059
36. 无损探伤工安全操作规程 …………………………… 061
37. 起重工安全操作规程 ………………………………… 063
38. 起重机械的安装、检验与维修工安全操作规程 …… 065
39. 木工带锯机安全操作规程 …………………………… 068
40. 木工圆盘锯机安全操作规程 ………………………… 069
41. 木工平面刨床安全操作规程 ………………………… 070
42. 门式、桥式起重机安全操作规程 …………………… 072
43. 电葫芦安全操作规程 ………………………………… 073
44. 气瓶使用安全操作规程 ……………………………… 074
45. 齿轮工安全操作规程 ………………………………… 077
46. 插床安全技术操作规程 ……………………………… 080

第三章　电工作业安全操作规程

47. 电工作业一般安全操作规程 ………………………… 083
48. 电工安装作业安全操作规程 ………………………… 084
49. 用电维修作业安全操作规程 ………………………… 085
50. 低压开关柜安全操作规程 …………………………… 086

51. 低压配电房安全操作规程 …………………………… 087
52. 低压电工安全操作规程 ……………………………… 088
53. 停送电安全操作规程 ………………………………… 090
54. 值班电工安全操作规程 ……………………………… 090
55. 维修电工安全操作规程 ……………………………… 092
56. 维修电工应具备的安全知识 ………………………… 093
57. 电机修理工安全操作规程 …………………………… 094
58. 变压器作业安全操作规程 …………………………… 095
59. 电力线路倒闸安全操作规程 ………………………… 097
60. SF_6 电气设备上工作安全操作规程 ………………… 098
61. 电气安全用具安全操作规程 ………………………… 100
62. 检修电工安全操作规程 ……………………………… 103
63. 运行维修电工安全操作规程 ………………………… 105
64. 巡检电工作业安全操作规程 ………………………… 105
65. 低压带电作业安全操作规程 ………………………… 106
66. 电缆敷设作业安全操作规程 ………………………… 107
67. 电气高压试验安全操作规程 ………………………… 107
68. 临时用电安全操作规程 ……………………………… 110
69. 手持电动工具安全操作规程 ………………………… 111
70. 施工临时用电安全操作规程 ………………………… 113

■ 第四章　危险化学品安全操作规程 ■

71. 氧化反应过程安全操作规程 ………………………… 116
72. 加氢还原反应过程安全操作规程 …………………… 118
73. 硝化反应过程安全操作规程 ………………………… 119
74. 氯化反应过程安全操作规程 ………………………… 121
75. 热裂解装置安全操作规程 …………………………… 122
76. 典型聚合反应过程安全操作规程 …………………… 125
77. 催化反应过程安全操作规程 ………………………… 128
78. 熔融单元安全操作规程 ……………………………… 130
79. 干燥单元安全操作规程 ……………………………… 131
80. 蒸馏单元安全操作规程 ……………………………… 132

81. 冷冻单元安全操作规程 …………………………………… 134
82. 筛分、过滤单元安全操作规程 …………………………… 136
83. 气体物料输送单元安全操作规程 ………………………… 137
84. 化工工艺异常处理安全操作规程 ………………………… 139
85. 输油管路安全操作规程 …………………………………… 140
86. 气瓶充装安全操作规程 …………………………………… 142
87. 加油站作业安全操作规程 ………………………………… 145
88. 加油站防火安全操作规程 ………………………………… 147
89. 危险化学品储存安全操作规程 …………………………… 151
90. 危险化学品运输安全操作规程 …………………………… 154
91. 油罐清洗安全操作规程 …………………………………… 159
92. 反应釜安全操作规程 ……………………………………… 166
93. 离心机安全操作规程 ……………………………………… 168
94. 气相色谱仪安全操作规程 ………………………………… 170
95. 液相色谱仪安全操作规程 ………………………………… 172
96. 化验工通用安全操作规程 ………………………………… 174
97. 制冷工安全操作规程 ……………………………………… 177
98. 化学试验工安全操作规程 ………………………………… 178
99. 制氧工安全操作规程 ……………………………………… 179
100. 化工仪表工安全操作规程 ……………………………… 181

第一章
建筑施工安全操作规程

本章导读

本章给出22个建筑施工安全操作规程。从建筑施工的工作类型和建筑施工的工器具入手，规范操作程序、安全作业要点和安全注意事项。有施工重点部位的防火防爆安全操作规程，也有地下工程、现浇整体模板工程、扣件式钢管支撑结构模板工程、液压活动模板工程、临边、洞口作业工程、脚手架工程、高处作业等工程的安全操作规程，还有建筑施工用工器具操作安全规程，如电动吊篮、蛙式夯实机、振动桩、泥浆泵、混凝土搅拌机等。我们认为必须抓好以下5项工作。

（1）科学。是指安全防护硬件设施在制造、安装、使用过程中的合理性、先进性。

（2）标准。标准是对重复性事物和概念所做的统一规定，它以科学技术和实践经验的结合成果为基础，经有关方面协商一致，由主管机构批准，以特定形式发布作为共同遵守的准则和依据。

（3）齐全。就是在空间上留的孔洞。所有应当使用、装设安全防护硬件设施的地方必须全部装上，不留一点空缺。

（4）及时。就是在时间上不留空隙。一个新的施工环境形成后，第一件事就是首先完善各类安全防护的硬件设施，然后才可进行施工生产。

（5）可靠。即牢固、准确。牢固是要经得住使用，在真的发生事故时能够起到保护作用。准确是设置的地点必须正确，经过计算和实地验证，使全部的安全防护硬件设施都能充分地发挥作用。

1. 施工现场重点部位防火防爆安全操作规程

根据《建筑设计防火规范》(GB 50016)的要求，编制了该防火防爆安全操作规程，建筑施工防火防爆须按照以下要求进行。

(1) 料场仓库

a. 易燃露天仓库四周应有6m宽平坦空地的消防通道，禁止堆放障碍物。

b. 储存量大的易燃仓库应设两个以上的大门，并将堆放区与有明火的生活区、生活辅助区分开布置，至少应保持30m防火距离，有飞火的烟囱应布置在仓库的下风方向。

c. 易燃仓库和堆料场应分组设置堆垛，堆垛之间应有3m宽的消防通道，每个堆垛的面积不得大于以下要求：木材（板材）300m^2；稻草150m^2；锯木200m^2。

d. 库存物品应分类分堆编号储存，对危险物品应加强入库检验，应使用不产生火的工具设备搬运和装卸易燃易爆物品。

e. 库房内消防设施必须齐全，应分组布置种类适合的灭火器，每组不少于4个，组间距不大于30m，重点防火区应每25m^2布置1个灭火器。

f. 库房内严禁使用碘钨灯，电气线路和照明应符合电气安全有关规定。

g. 易燃材料堆垛应保持通风良好，经常检查其温度、湿度，防止其自燃起火。

h. 露天油桶堆放应有醒目的禁火标志和防火防爆措施。润滑油桶应双行并列卧放，桶底相对，桶口朝外。轻质油桶应与地面成75°鱼鳞相靠式斜放，各桶之间应保持防火安全距离。

i. 各种气瓶应单独设库存放，并要符合防火防爆要求。

(2) 乙炔站

a. 乙炔站的建筑严格按照《建筑设计防火规范》的要求建设，与有明火的操作场所应保持30～50m的间距；

b. 乙炔站泄压面积与乙炔站容积的比值应采用0.05～0.22m^2/m^3，乙炔站充装房间和乙炔发生器操作平台应有安全出口，应安装百叶窗和出气口，门应向外开启；

c. 乙炔房与其他建筑物和临时设施的防火间距，应符合《建筑设计防火规范》的要求；

d. 乙炔房宜采用不产生火花的地面，金属平台应铺设橡胶垫层；

e. 有乙炔爆炸危险的房间与无爆炸危险的房间（如更衣室、值班室等）不能直通；

f. 操作人员严禁穿带铁钉的鞋及易产生静电的衣服进入乙炔站。

(3) 电石库

a. 电石库属于甲类物品储存仓库，应采用一、二级耐火等级；

b. 电石库应建在长年风向的下风方向，与其他建筑及临时设施的防火间距，必须符合《建筑设计防火规范》的要求；

c. 电石库不应建在低洼处，库内地面应高于库外地面 20cm，同时不能采用易产生火花的地面，可采用木板或橡胶等铺垫；

d. 电石库应保持干燥、通风、不漏雨水；

e. 电石库的照明设备应采用防爆型，应使用不产生火花的开启工具；

f. 电石渣及粉末应随时清扫。

(4) 涂装料库和调料间

a. 涂装料库和调料间应分开设置，涂装料库和调料间应与散发火花的场所保持一定的防火间距。

b. 性质相抵触、灭火方法不同的品种，应分库存放。

c. 涂料和稀释剂的存放与管理，应符合《仓库防火安全管理规则》的要求。

d. 调料间具有良好的通风，并应采用防爆电气设备，室内禁止一切火种，调料间不得兼作更衣室或休息室。

e. 调料人员应穿不易产生静电的工作服，穿不带钉子的鞋。开启涂料和稀释剂包装应采用不易产生火花的工具。

f. 调料人员应严格遵守有关安全作业要求，调料间内不应存放超过当天加工所用的原料。

(5) 木工操作间

a. 操作间的建筑应采用阻燃材料搭建。

b. 操作间冬季宜采用水暖供暖，如用火炉取暖时，必须在四周采取挡火措施。严禁用燃烧劈柴、刨花等代煤取暖。

c. 每个火炉都要有专人负责，下班时要将余火彻底熄灭，在检查确认无误后才能下班。

d. 电气设备的安装要符合电气安全要求。抛光、电锯等部位的电气设备应采用密封式或防爆式。刨花、锯末较多部位的电动机，必须安装防尘罩。

e. 操作间内严禁吸烟和用明火作业。

2. 地下工程施工安全操作规程

根据《地下工程防水技术规范》（GB 50108）和《建筑与市政工程地下水控制技术措施》（JGJ 111）等规程规范的要求，地下工程的施工的安全操作须按以下要求进行。

① 施工现场的临时电源线不宜敷设在墙壁或土墙上，应用绝缘材料架空安装。配电箱应采取防水措施，潮湿地段或渗水部位照明灯具应采取相应措施或安装防潮灯具。

② 施工现场应有不少于两个出入口或坡道，施工距离长时应适当增加出入口数量。施工区面积不超过 $50m^2$ 且施工人员不超过 20 人时，可只设一个直通地面的安全出口。

③ 安全出入口、疏散走道和楼梯的宽度应按其通过的人数每 100 人不小于 1m 的净宽计算。每个出入口的疏散人数不宜超过 250 人。安全出入口、疏散走道、楼梯的最小净宽不应小于 1m。

④ 疏散走道、楼梯及坡道内，不宜设置突出物或堆放施工材料和机具。

⑤ 疏散走道、安全出入口、操作区域等部位，应设置火灾事故照明灯。火灾事故照明灯在上述部位的最低光照度应不低于 5lx（$1lx=1lm/m^2$）。

⑥ 疏散走道及其交叉口、拐弯处、安全出口处应设置疏散指示标志灯。疏散指示标志灯的间距不宜过大，距地面高度应为 1~1.2m，其正前方 0.5m 处的地面照度不应低于 1lx。

⑦ 火灾事故照明灯和疏散指示灯工作电源断电后，应能自动投合。

⑧ 地下工程施工区域应设置消防给水管道和消火栓，消防给水管道可以与施工用水管道合用。特殊地下工程不能设置消防用水时，应配备足够数量的轻便消防器材。

⑨ 大面积涂装粉刷和喷漆应在地面施工，局部的粉刷可在地下工程内部进行，但一次粉刷的量不宜过多，同时在粉刷区域内禁止一切火源，加强通风。

⑩ 禁止中压式乙炔发生器在地下工程内部使用及存放。

⑪ 地下工程施工前必须制定应急疏散计划或应急救援预案。

3. 高层建筑施工防火防爆安全操作规程

根据《建筑设计防火规范》（GB 50016）的要求，高层建筑施工的防火防爆操作应遵守如下规程。

① 施工单位各级领导要重视施工防火安全，要始终将防火工作放在首要位置。将防火工作列入高层建筑施工生产的全过程，做到同计划、同布置、同检查、同总结、同评比的"五同时"。交施工任务的同时要提防火要求，使防火工作做到经常化、制度化、群众化。

② 要按照"谁主管，谁负责"的原则，从上到下建立多层次的防火管理网络，实行分工负责制，明确高层建筑工程施工防火的目标和任务，使高层施工现场防火安全得到组织保证。

③ 高层施工工地要建立防火领导小组，多单位施工的工程要以甲方为主，成立甲方、施工单位、安装单位等参加的联合治安防火办公室，协调工地防火管理。防火领导小组或联合治安防火办公室要坚持每月召开防火会议和每月进行一次防火安全检查，认真分析研究施工过程中的薄弱环节，制定落实整改措施。

④ 现场要成立义务消防队，每个班组都要有一名义务消防员为班组消防员，负责班组施工的防火。同时要根据工程建设面积、楼层数和防火重要程度，配专职防火消防员、专职动火监护员，对整个工程进行防火管理，检查督

促、配置器材和巡逻监护。

⑤ 高层建筑必须制定工地的《消防管理制度》《施工材料危险化学品仓库管理制度》，建立各工种的安全技术操作责任制，明确工程各个部位的动火等级，严格动火申请和审批手续、权限，强调电焊工等动火人员的防火责任制，对无证人员、仓库保管员进行安全专业培训，做到持证上岗。进入内装饰阶段，要明确规定吸烟点，或干脆禁止吸烟。

⑥ 对参加高层建筑施工的外包工队伍，要同每一支队伍签订防火安全责任书，详细进行防火安全技术措施交底。针对木工操作场所，明确操作人员对木屑、刨花等做到日做日清，易燃物品要妥善保管，不准在更衣室等场所乱堆乱放，力求减少火险隐患。

⑦ 高层建筑工程施工材料有不少是从国外进口的，属于高分子合成的易燃物品，防火管理部门应责成有关部门加强对这些原材料的安全管理，要做到专人、专库、专管，施工前向施工班组做好安全技术交底，并实行限额领料、余料回收等管理制度。

⑧ 施工中要将易燃材料的施工区域划为禁火区域，安置醒目的警戒标志并加强专人巡回检查。施工完毕，负责施工的班组要对易燃的包装材料、装饰材料进行清理，要求做到随时做、随时清，现场不留任何火险隐患。

⑨ 严格控制火源和执行动火过程中的安全技术措施。在焊割方面要做到：

a. 每项工程都要划分动火级别。一般的高层动火划分为二、三级；在外墙、电梯井、洞孔等部位，垂直穿到底及登高焊割，均应划分为二级动火；其余所有场所均为三级动火。

b. 按照动火级别进行动火申请和审批。二级动火应由施工管理人员在 4 天前提出申请并附上安全技术措施方案，报工地主管领导审批，批准动火期限一般为 3 天。复杂危险场所，审批人在审批前应到现场察看确无危险或措施落实才予批准，准许动火证要同时交焊割工、监护人。三级动火由焊割班组长在动火前 3 天提出申请，报防火管理人员批准，动火期限一般为 7 天。

c. 焊割工要持特殊工种操作证和动火证进行操作，并接受监护人的监护。监护人要持动火证，在配有灭火器材的情况下进行监护，监护时要严格履行监护人的职责。

d. 复杂的、危险性大的场所焊割，工程技术人员要按照规定，制定专项安全技术措施方案，焊割工必须按照方案进行动火操作。

e. 焊割工动火操作要严格执行焊割工安全技术操作规程。

⑩ 按照消防规定配置消防器材，重点部位器材配置分布要合理，有针对性，各种器材性能要良好、安全，通信工具要有效、齐全、完好。

a. 每个楼层应安装消火栓，配置消防水笼带，配置数量应视楼面大小而定。为保证水源，大楼底层应设蓄水池（不小于 $20m^3$）。高层建筑层高而水压不足的，在楼层中间应设接力棒。

b. 高压水泵、消防水管只限消防专用，要专人管理、使用、维修、保养，以保证水泵完好，正常运转。

c. 所有高层建筑设置的消防泵、消火栓和其他消防器材的部位，都要有醒目的防火标志。

d. 高层建筑（含 8 层以上、20 层以下）工程施工，应按楼层面积，一般每 $100m^2$ 设置两个灭火器。

e. 施工现场灭火器材的配置应灵活机动，易燃物品多的场所、动用明火多的部位相应要多配一些。

f. 重点部位合理布置。木工操作处不应与机修、电工操作紧邻。灭火器配置要有针对性，如配电间不应配酸式泡沫灭火器，仪器仪表室要配干粉灭火器等。

⑪ 一般的高层建筑施工期间，不得堆放易燃易爆危险物品。如确需存放，应在堆放区域配置专用灭火器材和加强消防管理措施。

⑫ 工程技术管理人员在制定施工组织设计时，要考虑防火安全技术措施。要及时征求防火管理人员的意见。防火管理人员在审核现场布置图时，要根据现场布置图到现场实地察看，了解工程四周状况，有权提出修改施工组织设计中的问题。

4. 现浇整体式模板工程安全操作规程

根据《混凝土结构工程质量验收规范》（GB 50204）和《木结构设计标准》（GB 50005）以及《钢结构设计标准》（GB 50017）的有关规定，施工现场现浇整体模板工程的安全操作须遵循以下要求。

① 普通模板工程的施工必须按专项施工方案和规定的作业程序进行，模板未固定牢靠前不得进行下一道工序。严禁在连接件和支撑件上攀登上下，并严禁在上下同一垂直面安装、拆除模板。

② 结构复杂的以及特殊的模板工程，安装、拆除应严格按照专项施工组织设计进行，严禁任意变动。

③ 模板在载荷作用下，应具有必要的强度、刚度和稳定性，并应保证结构的各部分形状、尺寸和位置的正确性。模板接缝应严密，不得漏浆，并应保证单体构件连接处具有必要的紧密性和可靠性。

④ 整体式的多层房屋和构筑物安装上层模板及其支撑时，应符合下列规定：

a. 下层楼板结构的强度能承受上层模板、支撑和新浇筑混凝土的重量时，方可安装上层模板及其支撑。否则，下层楼板结构的支撑系统不能拆除，同时上下支柱应在同一垂直线上。

b. 如采用悬吊模板、桁架支模方法，其支撑结构必须要有足够的强度和刚度。

⑤ 当层间高度大于 5m 时，若采用多层支架支模，则在两层支架立柱间应铺设垫板，且应平整，上下层支柱要垂直，并应在同一垂直线上。

⑥ 模板及其支撑系统在安装过程中，必须设置临时固定设施，严防倾覆。

⑦ 采用分节脱模时，模底的支点应按设计要求设置。

⑧ 承重焊接钢筋骨架和模板一起安装时应符合下列规定：

a. 模板必须固定在承重焊接钢筋骨架的节点上；

b. 安装钢筋模板组合体时，吊索应按模板设计的吊点位置绑扎。

⑨ 组合钢模板预拼装用整体吊装方法时，应注意以下几点：

a. 拼装完毕的大块模板或整体模板，吊装前应确定吊点位置，先进行试吊，确认无误后，方可正式吊运安装；

b. 安装整块柱模板时，不得将其支在柱子钢筋上代替临时支撑。

⑩ 模板支撑高处作业安全技术操作规程：

a. 支设高度在 3m 以上的柱模板，四周应设斜撑，并应设立操作平台，低于 3m 的可用马凳操作。

b. 支设悬挑形式的模板时，应有稳定的立足点。支设临时构筑物模板时，应搭设支架。模板上有预留洞时，应在安装后将洞盖没。

c. 在支模时，操作人员不得站在支撑上，而应设置立人板，以便操作人员站立。立人板以木质 50mm×200mm 中板为宜，并适当绑扎固定。

d. 支模过程中，如需中途停歇，应将支撑搭头、平台板等固定牢靠。

e. 在模板上施工时，堆物（钢筋、模板、木方等）不宜过多，不准集中在一处堆放。

f. 特殊情况下在临边、洞口作业时，如无可靠的安全设施，必须系好安全带并扣好保险钩。

5. 扣件式钢管支撑结构模板工程安全操作规程

根据《扣件式钢管脚手架》（GB 15831）和建工标准《建筑施工扣件式钢管脚手架安全技术规范》（JGJ 130）的要求，扣件式钢管支撑结构模板工程的安全操作要做好以下几点。

(1) 对钢管和扣件材料的要求

a. 钢管宜采用外径 48mm、壁厚 3.5mm 的《直缝电焊钢管》或《低压流体输送用焊接钢管》中规定的 3# 普通钢管，其质量符合现行国家标准《碳素结构钢》的规定。要求钢管外表面平直光滑，没有裂纹、分层、变形扭曲，其截口及锈蚀程度小于 0.5mm。此外，钢管两端截面应平直，切斜偏差不大于 1.7mm。严禁有毛口、卷口和斜口等现象。钢管上严禁打孔。所使用的钢管还应经过防锈处理，且必须具有生产许可证、质量保证书、检测报告或租赁单位相关的质量保证证明。

b. 扣件应采用可锻铸铁制成，其材料应符合现行国家标准的要求，螺栓、螺母采用 Q235 钢。螺钉采用 20、25 铆钉钢。扣件有旋转（质量为 1.5kg）、直角（质量为 1.25kg）和对接（质量为 1.6kg）三种形式。所使用的扣件必须具有生产许可证、质量保证书、检测报告或租赁单位相关的质量保证证明。

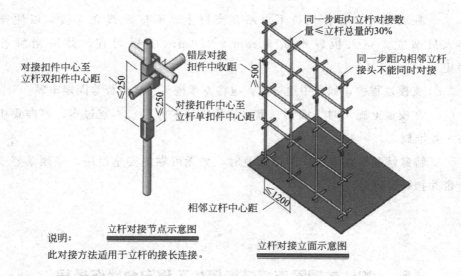

立杆对接节点示意图　　立杆对接立面示意图

说明：此对接方法适用于立杆的接长连接。

(2) 模板支撑施工

a. 模板支撑应支设在坚实的地基上，并应有足够的支撑面积，严禁受力后地基产生下沉。钢管支撑每根立杆底部应设置底座或垫板。可调底座，当其伸出长度超过300mm时，应采取可靠措施固定。立杆应竖立设置，2m高度的垂直偏差为15mm，当地基土质良好时，底座或垫板可直接放置于夯实平整的原土上。当地基土质较差或为夯实的回填土时，应在底座下加上宽不小于200mm、厚50mm且面积不小于底座三倍的木垫板。如果立杆无底座则应在夯实平整的地面上铺设厚度50～100mm的道渣，然后铺设通长木垫板。如地基系冻胀性土时，必须要有在冻结和融化时保证支撑的安全措施。

b. 钢管支撑必须设置纵、横向扫地杆。纵向扫地杆应采用直角扣件固定在距底座上面不大于200mm处的立杆上。横向扫地杆亦应采用直角扣件固定在紧靠纵向扫地杆下方的立杆上，但不应小于1m。靠边坡上方的立杆轴线到边坡的距离不应小于500mm。

c. 钢管支撑底层步距不应大于2m。

d. 立杆的接长除在顶步时可采用搭接形式外，其余各步接头必须采用对接扣件连接。对接时扣件应相互交错布置，也就是相邻两立杆的连接点不应设在同步同跨上，相邻两立杆的连接点在高度方向应错开不小于500mm，且连接点距离纵横向水平杆不大于步距的1/3。搭接时应采用不少于两个旋转扣件固定，搭接长度不小于1m。

e. 使用直角和旋转扣件紧固时，钢管端部应伸出扣件盖板边缘不小于100mm。所有扣件的螺栓紧固力矩应控制在40～65N·m之间。

f. 满堂模板支撑安装时，应在四边与中间每隔4排立杆及时设置连续到顶的垂直剪刀撑，并与支撑固定牢靠。当支撑高度小于4m时，横向和纵向加设水平撑应设上下两道。高于4m的模板支撑每增高2m再设一道水平撑。从顶层开始向下每隔2～4排立杆设置一道水平剪刀撑，剪刀撑斜杆与地面倾角宜为45°～60°。

g. 当梁模板支撑立杆采用单根立杆时，立杆应设在梁模板中心线处，其偏心距不应大于25mm。

(3) 模板支撑施工注意事项

a. 不得使用严重变形、损伤和锈蚀的钢管。

b. 严禁使用有裂纹、变形的扣件，出现滑丝的螺栓必须更换。

c. 可调底座应采用防止砂浆、水泥浆等污物填塞螺纹的措施。

d. 不得采用使支撑产生偏心荷载的混凝土浇筑顺序。采用泵送混凝土时，应随浇随捣随平整，混凝土不得堆积在泵送管路出口处。

e. 应避免装卸物对模板支撑产生偏心、振动和冲击。

f. 纵横向水平扫地杆、联系杆、剪刀撑不得漏设和随意拆卸。

(4) 模板支撑的检查验收内容

a. 立杆以及顶部找平搭接杆和扣件设置情况；

b. 扫地杆、纵横向水平联系杆、剪刀撑情况；

c. 可调底座螺旋杆伸出长度；

d. 扣件紧固力矩（40～60N·m）；

e. 垫木情况。

由技术负责人按照设计要求检查验收，并填写验收记录。

(5) 模板支撑的拆除

a. 拆除前应提出申请，由技术部门确认混凝土强度达到设计要求，并经监理单位签字同意，下达拆模令后，方可进行。

b. 拆除时应采用先搭后拆的施工顺序。

c. 混凝土板上拆模后形成的临边或洞口，应按规定进行防护。

d. 拆模高处作业，应配置登高用具或搭设支架。

e. 拆除模板支撑时应采用可靠安全措施，严禁高空抛掷。

f. 拆除平台底模时，不得一次将定撑全部拆除，应分批拆除，然后按顺序拆下隔栅底模，以免模板在自重载荷作用下一次性大面积脱落。

g. 拆模时必须设置警戒区域，并派人监护。拆模时必须干净彻底拆除，不得留有悬空模板。拆下的模板要及时清理，堆放整齐。

6. 门式钢管脚手架支撑模板工程施工安全操作规程

依据《建筑施工门式钢管脚手架安全技术标准》（JGJ/T 128）的要求，门式钢管脚手架支撑模板工程施工安全操作要做到如下要求。

（1）一般安全要求

a. 模板支撑的基础必须平整严实，并做好排水，回填土必须分层回填，逐层夯实。

b. 当模板支撑架设在钢筋混凝土楼板、挑台等结构上部时，应对该结构强度进行验算。

c. 可调底座调节螺杆伸出长度不宜超过200mm，当超过200mm时，一榀门架承载力设计值应根据可调底座调节螺杆伸出长度进行修正；伸出长度为300mm时，应乘以修正系数0.90；超过300mm时，应乘以修正系数0.80。模板支撑架的高度调整宜采用可调顶托为主的方法。

d. 模板支撑构造的设计，宜让立杆直接传递载荷。当载荷作用于门架横杆时，门架的承载能力应乘以折减系数。当载荷对称作用于立杆与加强杆范围时，应取0.90；当载荷对称作用于加强杆顶部时，应取0.70；当载荷集中作用于横杆中间时，应取0.30。

（2）模板支撑施工

a. 模板支撑在安装前应在楼面或地面弹出门架的纵横方向位置线并进行找平。

b. 门架、调节架及可调托座应根据支撑高度设置，支撑架底部可采用固定底座及木楔调整标高。

c. 用于梁模板支撑的门架，可采用平行或垂直于梁轴线的布置方式。垂直于梁轴线布置时，门架两侧应设置交叉支撑。平行于梁轴线设置时，两门架应采用交叉支撑或梁底模小楞连接牢固。

d. 门架用于楼板模板支撑时，门架间距与门架跨距应由计算和构造要求确定，水平加固杆应在周边顶层、底层及中间每 5 列、5 排通长连续设置，并应采用扣件与门架立杆扣牢。楼板模板支撑较高时（大于 10m），门架设置剪刀撑，应在外侧周边和内部每隔 15m 间距连续设置到顶，剪刀撑宽度不应大于 4 个跨距或间距，斜杆与地面倾角宜为 45°～60°。

e. 门架用于整体式平台模板时，门架立杆、调节架应设置锁臂，模板系统与门架支撑应做满足吊运要求的可靠连接。

f. 搭设模板支撑时，施工操作层应铺设脚手板，操作工人应系安全带。

(3) 模板支撑施工安全注意事项

a. 不得使用严重变形、损伤和锈蚀的门架及其配件。

b. 可调底座、顶托应采用防止砂浆、水泥浆等污物填塞螺纹的措施。

c. 不得采用使门架产生偏心载荷的混凝土浇筑顺序。采用泵送混凝土时，应随浇随捣随平整，混凝土不得堆积在泵送管路出口处。

d. 应避免装卸物对模板支撑产生偏心、振动和冲击。

e. 交叉支撑、水平加固杆、剪刀撑不得随意拆卸，因施工需要临时局部拆卸时，施工完毕后应立即恢复。

7. 液压滑动模板工程施工安全操作规程

根据建工标准《液压滑动模板施工安全技术规范》（JGJ 65—2013）的要求，对液压混动模板工程施工安全操作必须做好以下要求。

(1) 一般要求

a. 滑动模板（滑模）工程承建单位负责人应对安全工作全面负责。施工负责人必须对管辖范围的安全技术全面负责，组织编制安全技术措施，进行安全技术交底及处理施工中的安全技术问题。

b. 配备具有专业技术知识的安全人员负责对施工现场的安全检查监督工作，熟悉规范和安全技术操作规程，考核合格后才能上岗操作。主要负责人员应当相对稳定。

c. 对施工作业人员必须进行安全技术教育和培训，使其熟悉规范和安全技术操作规程，考核合格后才能上岗操作。主要施工作业人员要相应固定。

d. 滑模操作平台上的施工人员应定期检查身体，凡患有高血压、心脏病、贫血、癫痫病及其他不适合高处作业疾病的，不得上操作平台工作。

（2）滑模的安装要求

a. 组装前应对各部件的材质、规格和数量进行详细检查，以便剔除不合格部件；

b. 模板安装后，应对其进行全面检查，确实证明安全可靠后，方可进行下一道工序的工作；

c. 液压控制台在安装前，必须预先进行加压试车工作，应经严格检查合格后，方准运到工程上去安装；

d. 滑模的平台必须保持水平，千斤顶的升差应随时检查调整。

（3）滑模施工安全技术操作规程

① 施工现场。a. 在建的建筑物周围必须划出施工危险警戒区，其建筑物周围的物体不小于施工对象高度的1/10，且高度不小于10m，不能满足要求时，应采取有效的安全防护措施；b. 危险警戒线应设置围栏和明显的警戒标志，出入口应设置专人警卫和制定警卫制度；c. 办公室、生活区、配电间和大宗材料的堆放区，应设置在危险警戒区外；d. 危险警戒区内的建筑物出口、地面通道及机械操作场所，应搭设双层安全防护棚。

② 操作平台与内外挂脚手架。a. 操作平台和滑升机具应严格按照施工设计安装。平台板必须防滑，铺设平整，不得留有空隙。经常出入的通道要搭设防护棚。b. 平台四周包括平台内、外吊脚手架使用前，应全部设置不低于1.2m的防护栏杆，底部设置180mm高的挡脚板，外侧用安全网进行封闭。内、外吊脚手架兜底满挂网眼不大于2.5mm的安全网，并紧靠建筑物。

③ 垂直运输设备。a. 塔机、人货两用施工电梯的安装、验收、检测和使用除应遵守相应的安全技术操作规程、规范和规定外，还应遵守《液压滑动模

板施工安全技术规程》中的有关规定。限位开关、刹车装置等安全装置必须保持完好、灵敏可靠，并应定期进行测定，以防止失灵发生意外。b. 上、下应有通信联络设备。c. 滑模提升前，若为柔性索道运输时，必须先放下吊笼，再放松导索，检查支撑杆有无脱空现象，结构钢筋与操作平台有无挂连，确认无误后，方可提升。

④ 动力与照明。a. 操作平台上的380V用电设备必须实行二级漏电保护，接零或接地线应与操作平台的接地干线有良好的电气通路。b. 操作平台上的灯具距地面高度不应低于2.5m。便携式灯具应采用低压电源，其电压不高于36V。高于36V的固定灯具必须实行漏电保护。c. 操作平台上的总配电装置应安装在便于操作、调整和维护的地方，并做好防雨措施。各种固定的电气线路，应安装在隐蔽处，否则应有保护措施。

⑤ 施工操作。a. 施工前，应进行全面的技术安全检查。b. 操作平台上，不得多人聚集一处，夜间施工应准备手电筒和应急照明灯具，以预防晚间停电，避免事故发生。c. 模板的滑升必须在施工指挥人员的统一指挥下进行，滑升速度应严格按施工组织设计的要求予以控制，严禁随意超速滑升。液压操作台应由持证人员操作。d. 初滑阶段，必须对滑模装置和混凝土凝结状态进行检查，发现问题应及时纠正。e. 每班应设专人负责检查混凝土出模强度，其值应不低于0.2MPa，发现出模混凝土发生流淌或坍落时，应立即停滑进行处理。f. 滑升过程中，要随时调整平台水平、中心的垂直度，以便防止平台扭转和水平位移。

（4）滑升模板拆除要求

a. 必须制定拆除方案，规定其拆除的顺序、方法和各级人员职责以确保安全；

b. 拆除前应向全体人员进行详细的安全技术操作交底工作；

c. 拆除前必须对作业现场、垂直运输设备等进行检查，确认安全后方可作业；

d. 拆除时必须遵守《高处作业安全技术规范》和《液压滑动模板安全技术规范》的规定；

e. 拆除作业必须在白天进行，严禁高空抛掷拆卸物；

f. 当遇到雷雨、大雾、雪和5级及以上大风的天气时，不得进行拆除作业。

8. 大模板施工安全操作规程

(1) 大模板的堆放和安装

a. 堆放模板的场地，应在事前平整夯实，并比周围垫高 150mm 防止积水，堆放前应铺通长垫木。

b. 平模存放时，必须满足地区条件所要求的自稳角。大模板存放在施工楼层上，应有可靠的防倾倒措施。在地面存放模板时，两块大模板应采取板面对板面的存放方法，长期存放应将模板连成整体。对没有支撑或自稳角不足的大模板，应存放在专用的堆放架上，或者平卧堆放，严禁靠放到其他模板或构件上，以防下脚移动倾翻伤人。

c. 大模板起吊前，应把起重机的位置调整适当，并检查吊装用绳索、卡具及每块模板上的吊环是否牢固可靠，然后将吊钩挂好，拆除一切临时支撑，稳起稳吊，禁止用人力搬动模板。吊装过程中，必须配备专职指挥，并采取可靠措施严防模板大幅度摆动或碰倒其他模板。

d. 组装平模时，应及时用卡具或花篮螺钉将相邻模板连接好，防止倾倒。安装外墙外模板时，必须待悬挑扁担固定，位置调好后方可摘钩。外墙外模板安装好后，要立即穿好销杆，紧固螺栓。

e. 大模板安装时，应先内后外。单面模板就位后，用钢筋三角支架插入板面螺栓眼上支撑牢固。双面模板就位后，用拉杆和螺栓固定，未就位和未固定前不得摘钩。

f. 有平台的大模板起吊时，平台上禁止存放任何物料。禁止隔着墙同时吊运内外两块模板。

(2) 大模板安装使用注意事项

a. 大模板吊运安装必须设专职指挥，并持证上岗。

b. 大模板放置时，下面不得压有电线和气焊管线。

c. 平模叠放运输时，垫木必须上下对齐，绑扎牢固，车上严禁站人。

d. 大模板组装或拆除时，指挥、拆除和挂钩人员，必须站在安全可靠的地方方可操作，严禁任何人员随大模板起吊，安装外模板的操作人员应系安全带。

e. 大模板必须设有操作平台、上下梯道、防护栏杆等附属设施。如有损坏，应及时修好。大模板安装就位后，为便于浇捣混凝土，两道墙模板平台间应搭设临时走道，严禁在外墙模板上行走。

f. 模板安装就位后，要采取防止触电的保护措施，应设专人将大模板串联起来，并用避雷网接通，防止漏电伤人。

g. 风力5级时，仅允许吊装低层次的木板和构件。风力超过5级时，应停止吊装。

(3) 大模板拆除

a. 拆除时应严格遵守"拆除方案"的安全操作要点及规定；

b. 高处、复杂结构模板的拆除，应有专人指挥和确实的安全防护措施，并在下面标出警戒线，严禁非操作人员进入作业区；

c. 工作前应事先检查所使用的工具是否牢固，扳手等工具必须用绳链系挂在身上，工作时思想要集中，防止发生意外事故；

d. 起吊前应先稍微移动一下，证明无误后，方允许正式起吊；

e. 大模板拆除时，起吊前必须认真检查固定件是否全部拆除；

f. 遇雷雨、大雾、雪以及6级以上大风时，应暂停室外的高处拆除作业。

9. 高处作业安全操作规程

按照建工标准《建筑施工高处作业安全技术规范》（JGJ 80）和国家标准《化学品生产单位特殊作业安全规范》（GB 30871—2014）的要求，高处作业时危险性较大的作业，在进行高处作业时必须按照该标准的要求进行安全操作。

(1) 基本安全要求

a. 高处作业的安全技术措施及其所需材料、工具，必须列入工程的施工组织设计；

b. 施工前，应逐级进行安全技术教育及交底，落实所有安全技术措施和个体劳动防护用品，未经落实时不得进行施工；

c. 高处作业中的安全标志、工具、仪表、电气设施和各种设备，必须在施工前加以检查，确认其完好，方可投入使用；

d. 攀登和悬空高处作业人员以及搭设高处作业安全设施的人员，必须经过专业技术培训及专业考试合格，做到持证上岗，并必须定期进行身体检查；

e. 遇恶劣天气不得进行露天攀登与悬空高处作业；

f. 用于高处作业的防护设施，不得擅自拆除，确因作业需要临时拆除，必须经项目经理部施工负责人同意，并采取相应的可靠措施，作业后应立即恢复；

g. 高处作业的防护门设施在搭拆过程中应相应设置警戒区派人监护，严禁上、下同时拆除；

h. 高处作业安全设施的主要受力杆件，力学计算按一般结构力学公式，强度及刚度计算不考虑塑性影响，构件应符合现行的相应规范的要求。

(2) 安全帽

a. 检查外壳是否破损，如有破损，其分解和削减外来冲击力的性能已减弱或丧失，不可再用。

b. 检查有无合格帽衬，帽衬的作用在于吸收和缓解冲击力。安全帽若无帽衬，就失去了保护头部的功能。

c. 检查帽带是否齐全。

d. 佩戴前调整好帽衬和外壳的间距（约4～5cm），调整好帽箍。戴帽后必须系好帽带。

e. 现场作业中，不得随意将安全帽脱下搁置一旁，或当坐垫使用。

(3) 安全带

a. 应当使用经质检部门检查合格的安全带。

b. 不得私自拆换安全带的各种配件，在使用前，应仔细检查各部分的构件，无破损时，方能佩戴。

c. 使用过程中，安全带应高挂低用，并防止摆动、碰撞，避开尖刺和不接触明火，不能将钩直接挂在安全绳上，一般应挂在连接环上。

d. 严禁使用打结和续接的安全绳,以防坠落时腰部受到较大冲击力伤害身体。

e. 作业时应将安全带的钩、环牢挂在系留点上,将各卡扣扣紧,以防脱落。

f. 在温度较低的环境中使用安全带时,要注意防止安全绳的硬化断裂。

g. 使用后,将安全带、绳卷或盘放在无化学试剂、有阳光的场所中,切不可折叠。在金属配件上涂些机油,以防生锈。

h. 安全带的使用期为3～5年,在此期间安全绳磨损应及时更换,如果带子破裂,应该提前报废。

(4) 安全网

a. 施工现场使用的安全网必须有产品质量检验合格证,旧网必须有允许使用的证明书。

b. 根据安装形式和使用目的,安全网可分为平网和立网。施工现场立网不能代替平网。

c. 安装前必须对网及支撑物(架)进行检查,要求支撑物(架)有足够的强度、刚性和稳定性,且系网处无撑角及尖锐边缘,确认无误时方可安装。

d. 搬运安全网时,禁止使用钩子,禁止把网拖过粗糙的表面或锐边。

e. 在施工现场,安全网的支搭和拆除要严格按照施工负责人的安排进行,不得随意拆毁安全网。

f. 在使用过程中不得随意向网上抛杂物或撕坏网片。

g. 安装时,在每个系结点上,边绳应与支撑物(架)靠紧,并用一根独立的系绳连接,系结点沿网边均匀分布,其距离不得大于750mm。系结点应符合打结方便,连接牢固又容易解开,受力后又不会散脱的原则。有筋绳的网在安装时,也必须把筋绳连接在支撑物(架)上。

h. 多张网连接使用时,相邻部分应靠紧或重叠,连接绳材料与网相同,强度不得低于网绳强度。

i. 安装平网应外高内低,高低夹角15°为宜,网不宜绑紧。安装立网时,安装平面应与水平面垂直,立网底部必须与脚手架全部封严。

j. 要保证安全网受力均匀,必须经常清理网上落物,网内不得有积物。

安全网安装后，必须经专人检查，验收合格签字后才能使用。

10. 临边作业安全操作规程

按照建工标准《建筑施工高处作业安全技术规范》(JGJ 80) 和国家标准《化学品生产单位特殊作业安全规范》(GB 30871—2014) 的要求，临边作业的安全操作，须做到如下要求。

① 防护栏杆由上下两道横杆及栏杆柱组成。上杆离地高度为 1.2m，下杆离地高度为 0.6m。坡度大于 1∶2.2 的屋面防护栏杆应高 1.5m。横杆长度大于 2m 时，必须设置栏杆柱。

② 防护栏杆的钢管为 $\phi 48mm \times 3.5mm$，以扣件或电焊固定。采用钢筋上杆直径不应小于 16mm，下杆直径不应小于 14mm，栏杆柱直径不应小于 18mm，用电焊固定。采用角钢等型材作为防护栏杆杆件时，应选用强度相当的规格，并用电焊固定。

③ 防护栏杆必须自上而下用密目式安全网封闭，必要时亦可在底部横杆下沿设置严密固定的高度不低于 180mm 的踢脚板。

④ 防护柱上杆任何处，必须能经受任何方向 1000N 的外力。

⑤ 防护栏杆制成后，须用黑黄或红白涂装予以标识。

⑥ 沿街马路和居民密集区，除设防护栏杆外，敞口立面必须采取满挂安全网进行全封闭。

11. 洞口作业安全操作规程

按照建工标准《建筑施工高处作业安全技术规范》(JGJ 80) 和国家标准《化学品生产单位特殊作业安全规范》(GB 30871—2014) 的要求，洞口作业的安全操作，须做到如下要求。

(1) 洞口的安全防护措施

① 楼梯口必须设置防护栏杆进行防护。

② 电梯井口应设置固定栅门,栅门的高度为 1.8m,安装时离楼层面不得大于 50mm,上下必须固定,门栅网格的间距不应大于 150mm。同时,电梯井口内应每隔 2 层并最多隔 10m 设一道网眼不大于 2.5mm 的安全网。

③ 预留洞口防护

a. 边长为 25cm 以下的洞口,由坚实的木板盖没,盖板应能防止挪动移位,并应用黄或红色涂装予以标识。

b. 边长为 25~50cm 的洞口、安装预制构件时的洞口以及临时形成的洞口,可用竹、木等做盖板,盖住洞口,盖板须能保持四周搁置均衡,并有固定其位置的措施。

c. 边长为 50~150cm 的洞口,必须设置用钢管扣件形成的网格并用夹板或竹笆严密覆盖,或用贯穿于混凝土板内的钢筋(间隔不大于 20cm)构成防护网,并予以覆盖。

d. 边长大于 150cm 的洞口,应根据 b. 设置防护,亦可在洞口下方张设安全网。洞口四周必须设 1.2m 高的防护栏杆,用密目式安全网围挡,必要时亦可在底部横杆下设置严密固定的高度不低于 180mm 的踢脚板。

e. 墙面等处的竖向洞口,参照第 c.d. 设置防护。

f. 位于车辆行驶道旁的洞口、深沟、坑槽,应用钢板制成的盖板加以防护,并能承受额定卡车后轮有效承载力 2 倍的载荷。

g. 下边沿至楼板或底面低于 80cm 的窗台等竖向洞口,如侧边落差大于 2m 时,应加设 1.2m 高的防护栏杆。

h. 垃圾井道如烟道,可参照预留洞口进行防护设置。

i. 现场通道附近的各类洞口与坑槽等处,除设置防护设施与安全标志外,夜间还应设红灯示警。

(2) 通道口防护

a. 结构施工自二层起,凡人员进出建筑物的通道口、井架、施工电梯底层的进出通道口,均应搭设安全防护棚。高度超过 24m 的层次,应搭设双层防护棚。另外,井架、施工电梯底层除通道出入口外,其余三面应设型钢、钢丝网制成的可拼装的防护网片,并能经受水平方向的 1000N 冲击力。防护网片应做到定型化、工具化。

b. 井架、施工电梯楼层运料平台通道口应设安全防护门，并做到定型化、工具化。

c. 位于上方施工可能坠落物件或处于起重机把杆回转范围之内的主通道，必须设置双层防护棚。防护棚的宽度与长度，根据建筑物与围墙的距离、建筑物高度及其可能坠落范围半径而定。

12. 攀登作业安全操作规程

按照建工标准《建筑施工高处作业安全技术规范》（JGJ 80）和国家标准《化学品生产单位特殊作业安全规范》（GB 30871—2014）的要求，攀登作业的安全操作，须做到如下要求。

① 在施工组织设计中应确定于现场施工的登高和攀登安全设施。

② 柱、梁和行车梁等构件吊装所需的直爬梯及其他登高用拉攀件，应在构件施工图样或说明书内做出规定。

③ 移动式梯子应按现行的国家标准验收，合格后方可使用。

④ 使用梯子进行攀登作业时，梯脚底部应坚实，不得垫高使用。梯子的上端应固定，立梯工作角度以 $75°±5°$ 为宜，踏板上下间距以 30cm 为宜，不得有缺档。

⑤ 梯子如需接长使用，必须有可靠的连接措施，并且接头不得超过 1 处，强度不得低于单梯的强度。

⑥ 折梯使用时上部夹角以 $35°\sim45°$ 为宜，铰链必须牢固，应有可靠的拉撑措施。

⑦ 使用直梯进行攀登作业时，攀登高度以 5m 为宜，超过 2m 时宜架设护笼。超过 8m 时必须加设平台。

⑧ 作业人员应从规定的通道上下，不得在阳台之间等非规定过道进行攀登，也不得任意利用起重机臂架等施工设备进行攀登。上下梯子时必须面对梯子，且不得手持器物。

⑨ 钢柱安装登高时，应使用钢柱梯或设置在钢柱上的爬梯。

⑩ 钢屋架安装在屋架上下登高操作时，对于三角形屋架应在屋脊上，梯

形屋架应在两端,设置攀登时上下的梯架,材料可选用毛竹或原木,跨步间距不应大于40cm,毛竹梢径不应小于79mm。

13. 悬空作业安全操作规程

按照建工标准《建筑施工高处作业安全技术规范》(JGJ 80)和国家标准《化学品生产单位特殊作业安全规范》(GB 30871—2014)的要求,悬空作业的安全操作,须做到如下要求。

(1) 安全防护

① 构件吊装与管道安装安全防护

a. 构件吊装。钢结构吊装,应尽量先在地面上组装构件,避免或减少在悬空状态下进行作业,同时还要预先搭设好在高处要进行的临时固定、电焊、高强螺栓连接等工序的安全防护设施,并随构件同时起吊就位。对拆卸时的安全措施,也应该一并考虑和予以落实。预应力钢筋混凝土屋架、桁架等大型构件在吊装前,也要搭设好进行作业所需要的安全防护设施。

b. 管道安装。安装管道时,可将结构或操作平台作为立足点,在安装中的管道上行走和站立是十分不安全的。尤其是横向的管道,尽管看起来表面上是平的,但并不具有承载施工人员重量的能力,稍不留意就会发生危险,绝不可站立或倚靠。

② 钢筋绑扎安全防护。进行钢筋绑扎和安装钢筋骨架的高处作业,都要搭设操作平台和挂安全网。悬空大梁的钢筋绑扎,施工作业人员要站在操作平台上进行操作。绑扎柱和墙的钢筋,不能在钢筋骨架上站立或攀登上下。绑扎2m以上的柱钢筋,还需在柱的周围搭设作业平台。2m以下的钢筋,可在地面或楼面上绑扎,然后竖立。

③ 混凝土浇筑的安全防护

a. 浇筑离地面高度2m以上的框架、过梁、雨篷和小平台等,需搭设操作平台,不得站在模板或支撑杆件上操作。

b. 浇筑拱形结构，应自两边拱角对称地相向进行。浇筑储仓，下口应先行封闭，并搭设脚手架以防人员坠落。

c. 特殊情况下进行浇筑，如无安全设施，必须系好安全带，并扣好保险钩或架设安全网防护。

④ 支搭和拆卸模板时的安全防护

a. 支撑和拆卸模板，应按规定的作业程序进行。前一道工序所支的模板未固定前，不得进行下一道工序。严禁在连接件和支撑件上攀登上下，并严禁在上下同一垂直面上装、卸模板。结构复杂的模板，其装、卸应严格按照施工组织设计的措施规定执行。支大空间模板的立柱的竖、横向拉杆必须牢固稳定。防止立柱走动发生坍塌等事故。

b. 支设高度在2m以上的柱模板，四周应设斜撑，并设有操作平台。低于2m的可使用马凳操作。

c. 支搭悬挑式模板时，应有稳固的立足点。支搭凌空构筑物模板时，应搭设支架或脚手架。模板面上有预留洞时，应在安装后将洞口盖严。混凝土板面拆模后，形成的临边或洞口，必须按有关规定予以安全防护。

d. 拆模高处作业，应配置登高用具或设施，不得冒险操作。

(2) 安全规定

① 构件吊装和管道安装悬空作业

a. 钢结构的吊装，构件应尽可能在地面组装，并应搭设进行临时固定、电焊、高强螺栓连接等工序的高空安全作业措施，随构件同时上吊就位。拆卸时的安全措施，亦应一并考虑和落实。高空吊装预应力钢筋混凝土屋架、桁架等大型构件前，也应搭设悬空作业中的安全措施。

b. 悬空安装大模板、吊装第一块预制构件、吊装单独的大中型预制构件时，必须站在操作平台上操作。吊装中的大模板和预制构件上严禁站人和行走。

c. 安装管道时，必须以已完结构或操作平台为立足点，严禁在安装中的管道上站立和行走。

② 混凝土浇筑悬空作业

a. 浇筑离地2m以上框架、过梁、雨篷和小平台时，应设操作平台，不得直接站在模板或支撑件上操作。

b. 浇筑拱形结构，应自两边拱角对称地相向进行。浇筑储仓，下口应先行封闭，并搭设脚手架以防人员坠落。

c. 特殊情况下如无可靠的安全措施，必须系好安全带并扣好保险钩，或架设安全网。

③ 预应力张拉悬空作业

a. 进行预应力张拉时，应搭设站立操作人员和设置张拉设备用的牢固可靠的脚手架或操作平台。雨天张拉时，还应架设防雨棚。

b. 预应力张拉区域应设明显的安全标志，禁止非操作人员进入。张拉钢筋的两端必须设置挡板。挡板应距所张拉钢筋的端部 1.5~2m，且应高出一组张拉钢筋 0.5m，其宽度应距张拉钢筋两外侧各不小于 1m。

c. 孔道灌浆应按预应力张拉安全设施的有关规定进行。

④ 门窗安装悬空作业

a. 安装门窗、涂装及安装玻璃时，严禁操作人员站在凳子、阳台栏板上操作，门窗临时固定，封填材料未达到强度，以及电焊时，严禁手拉门、窗进行攀登；

b. 在高处外墙安装门、窗，无外脚手架时，应张挂安全网，操作人员应系好安全带，其保险钩应挂在操作人员上方的可靠物件上；

c. 进行各项窗口作业时，操作人员的重心应位于室内，不得在阳台上站立，必要时应系好安全带进行操作。

⑤ 钢筋绑扎悬空作业

a. 绑扎钢筋和安装钢筋骨架时，必须搭设脚手架和马道。

b. 绑扎圈梁、挑梁、挑檐、外墙和边柱等钢筋时，应搭设操作平台和张挂安全网。悬空大梁钢筋的绑扎，必须在满铺脚手板的支架或操作平台上操作。

c. 绑扎立柱和墙体钢筋时，不得站在钢筋骨架上或攀登骨架 3m 以内的柱钢筋上作业，可在地面或楼面上绑扎，整体竖立。绑扎 3m 以上的柱钢筋，必须搭设操作平台。

⑥ 钢柱、钢屋架安装

a. 钢柱安装登高时，应使用钢柱梯或设置在钢柱上的爬梯。

b. 钢柱的接柱应使用梯子或操作台。当无电焊防风要求时，操作台横杆高度不宜小于 1m；有电焊防风要求时，其高度不宜小于 1.8m。

c. 在屋架上弦登高操作时，对于三角形屋架应在屋脊处，梯形屋架应在两端，设置攀登时上下的梯架。材料可选用毛竹或原木，踏步间距不应大于 40cm，毛竹梢径不应小于 70mm。

d. 屋架吊装以后，应预先在下弦挂设安全网。吊装完毕后，即将安全网铺设固定。

14. 脚手架搭设安全操作规程

依据建工标准《高处作业吊篮》(GB 19155)、《建筑施工门式钢管脚手架安全技术规范》(JGJ 128)，以及《建筑施工扣件式脚手架安全技术规范》(JGJ 130)的要求，脚手架搭设的安全操作必须依照如下要求进行。

(1) 安全技术要求

a. 不管搭设哪种类型的脚手架，脚手架所用的材料和加工质量必须符合规定要求，绝对禁止使用不合格材料搭设的脚手架，以防发生意外事故；

b. 一般脚手架必须按脚手架安全技术操作规程搭设，对于高度超过1.5m的高层脚手架，必须经设计计算、有样图、有搭设方案、经上一级技术负责人审批、有书面技术交底，然后才能搭设；

c. 对于危险性大而且特殊的吊、挂、插口、堆料等架子也必须经过设计和审批，编制单独的安全技术措施，才能搭设；

d. 施工队伍接受任务后，必须组织全体人员，认真领会脚手架专项安全施工组织设计和安全技术措施交底，研讨搭设方法，并派技术好、有经验的技术人员负责搭设技术指导和监护。

(2) 搭设安全要求

a. 搭设时认真处理好地基，确保地基具有足够的承载力，垫木应当铺设平稳，不能有悬空，避免脚手架发生整体或局部沉降。

b. 确保脚手架平稳牢固，并具有足够的承载力，作业人员搭设时必须按要求与结构拉结牢固。

c. 搭设时必须按规定的间距搭设立杆、横杆、剪刀撑、栏杆等。

d. 搭设时，必须按规定设置连墙杆、剪刀撑、支撑。脚手架与建筑物间的连接应牢固，脚手架的整体应稳定。

e. 搭设时，脚手架必须有供操作人员上下的阶梯、斜道，严禁施工人员攀爬脚手架。

f. 脚手架的操作面必须满铺脚手板，不得有空隙和探头板。木脚手板有腐朽、劈裂、大横透节、活动节子的均不能使用。使用过程中严格控制载荷，确保有较大的安全储备，避免因载荷过大造成脚手架倒塌。

g. 金属脚手架应设避雷装置。在架设避雷装置时，如遇到高压线必须在保持大于5m或相应的水平距离搭设隔离防护架，然后才能设置避雷装置。

h. 6级以上大风、大雪、大雾天气下应暂停脚手架的搭设及在脚手架上作业。斜边板要钉防滑条，如有雨水、冰雪要采取防滑措施。

i. 脚手架搭好后，必须进行验收，合格后方可使用，使用中遇台风、暴雨，以及使用期较长时，应定期检查，及时整改出现的事故隐患。

j. 因故闲置一段时间或发生大风、大雨等灾害性天气后，重新使用脚手架时必须认真检查，加固后方可使用。

（3）安全防护要求

a. 搭设过程中必须严格按照脚手架专项安全施工组织设计和安全技术措施交底要求，设置安全网和采取安全防护措施。

b. 脚手架搭设两步及以上时，必须在脚手架外立杆内侧设置1.2m高的防护栏杆。

c. 架体外侧必须用密目式安全网封闭，网体与操作层不应有大于10mm的缝隙。网间不应有25mm的缝隙。

d. 施工操作层及以下连续三步应铺设脚手板和180mm高的挡脚板。

e. 施工操作层以下每隔10m应用平网或其他措施封闭隔离。

f. 施工操作层脚手架部分与建筑物之间应用平网或竹笆等实施封闭，当脚手架立杆与建筑物之间的距离大于200mm时，还应自上而下做到四步一隔离。

g. 操作层的脚手板应设护栏和挡脚板，脚手板必须满铺且固定，护栏高度为1m，挡脚板应与立杆固定。

15. 脚手架拆除安全操作规程

依据建工标准《高处作业吊篮》（GB 19155）、《建筑施工门式钢管脚手架安全技术规范》（JGJ 128），以及《建筑施工扣件式脚手架安全技术规范》（JGJ 130）的要求，脚手架拆除的安全操作必须依照如下要求进行。

① 施工人员必须听从指挥，严格按方案和操作规程进行拆除，防止脚手架大面积倒塌和物体坠落砸伤他人。

② 脚手架拆除时要划分作业区，周围用栏杆围护或竖立警戒标志，地面设有专人指挥，并配备良好的通信设施。警戒区严禁非专业人员入内。

③ 拆除前检查吊运机械是否安全可靠，吊运机械不允许搭设在脚手架上。

④ 拆除过程中建筑物所有窗户必须关闭锁严，不允许向外开启延伸。

⑤ 所有高处作业人员，应严格按高处作业安全规定执行，上岗后，先检查、加固松动部分，清除各层留下的材料、物件及垃圾块。清理物品应安全输送至地面，严禁高处抛掷。

⑥ 运至地面的材料应按指定地点，随拆随运，分类堆放，当天拆，当天清，拆下的扣件或铁丝等要集中回收处理。

⑦ 脚手架拆除过程中不能碰坏门窗、玻璃、落水管等物品，也不能损坏已做好的地面和墙面等。

⑧ 在脚手架拆除过程中，不得中途换人，如必须换人时，应将拆除情况交代清楚后方可离开。

⑨ 拆除时要统一指挥，上下呼应，动作协调，当解开与另一人有关的结扣时，应先通知对方，以防坠落。

⑩ 在大片架子拆除前应将预留的斜道、上料平台等先行加固，以便拆除后能确保其完整、安全和稳定。

⑪ 脚手架拆除应由上而下按层按步进行，先拆护身栏、脚手板和横向水平杆，再依次拆剪刀撑的上部扣件和接杆。拆除全部剪刀撑、抛撑以前，必须搭设临时加固斜支撑，预防脚手架倾倒。

⑫ 拆脚手架杆件，必须由2~3人协同操作，拆纵向水平杆时，应由站在中间的人向下传递，严禁向下抛掷。

⑬ 拆除大片架子应加临时围栏。作业区内电线及其他设备有妨碍时，应事先与有关部门联系拆除、转移或加防护。

⑭ 脚手架拆至底部时，应先加临时固定措施后，再拆除。

⑮ 夜间拆除作业，应有良好照明。遇大风、雨、雾、雪等天气，不得进行拆除作业。

16. 电动吊篮安全操作规程

根据《高处作业吊篮》（GB 19155）和《安全带》（GB 6095）的要求，电动吊篮作业的安全操作，必须按照以下要求进行。

（1）使用吊篮人员均应身体健康、精神正常，经过安全技术培训与考核，持有操作证方可上岗；非指定人员不得动用吊篮。

（2）吊篮屋面悬挂装置安装齐全、可靠、稳定；配重压铁、前臂挑出长度必须遵循"吊篮安装高度、前梁伸出长度与允许载重的关系表"。

（3）吊篮严禁超载使用，按照吊篮安装额定的重量使用。

（4）工作前必须进行安全检查：

① 所有连接件齐全、牢固、可靠；无丢失损坏。

② 提升机钢丝绳入口处严禁砂石、螺钉、螺帽、钢丝等杂物入内，以免提升机构咬死切断钢丝绳造成危险。

③ 检查悬挂机构，各紧固件是否连接牢靠，配重块与工作钢丝绳应符合安全技术要求，检查安全锁是否灵敏可靠。

④ 检查电缆线有无损坏，插头是否拧紧，保护零线是否连接可靠，并试验吊篮配电箱及用户配电箱的漏电，保护开关是否灵敏可靠，并检查两侧提升电机制动性能是否可靠。

⑤ 启动按钮，检查平台是否处于水平。

⑥ 检查行程限位开关是否灵敏可靠。

（5）吊篮应下放到最下层或固定在比较安全的平板（架子）上，方可上下，严禁把吊篮随意放置在窗洞处或其他不安全的地方跳下爬上，下班时固定好电缆线，并切断电源锁好控制箱。

（6）每次吊篮运行只能由一个人控制，在运行前提醒篮内其他人员并确定上、下无障碍物方可运行。

（7）每次使用前均应在 2m 度下空载运行 2～3 次，确认无故障方可使用。

（8）上吊篮工作时必须戴好安全帽，系好安全带，严禁操作人员喝酒后上吊篮作业。

（9）吊篮任何部位有故障均不得使用。应请专业技术人员维修，使用人员不得自行拆、改任何部位。

（10）雷、雨、大风（阵风5级以上）天气不得使用吊篮，应停置在地面。

（11）高处作业吊篮安装前，应根据工程结构、施工环境等特点，并结合吊篮产品说明书和相关规范、规定的要求，编制专项方案。

（12）吊篮操作工和上篮人员，应严格遵守吊篮"使用说明书"和"安全技术规定"。

（13）吊篮的载荷按出厂使用说明书的规定执行，吊篮上的作业人员和材料应对称分布布置，不得集中在一头，保持吊篮载荷均匀分布。

（14）工作钢丝绳与悬挂机构连接必须牢靠，并应有预防钢丝绳受剪力的保护措施。

（15）吊篮的位置和悬挂机构的设置应满足建筑物支撑的承载力要求。前支架应与支撑面垂直，安装挑梁时，应使挑梁探出建筑的一端稍高于另一端，挑梁外伸长度应符合说明书要求。

（16）每班第一次升降吊篮前，必须检查电源、钢丝绳、屋面梁、臂梁架压铁是否符合要求，检查防坠安全锁是否在有效期内，升降电机是否完好。

（17）吊篮升降范围内，必须清除外墙面的障碍物。

（18）严禁将吊篮作为运输材料和人员的"电梯"使用，严禁超载或带故障使用。

（19）上篮作业人员在离开吊篮前，必须对安全锁、升降机及钢丝绳以及沾污的水泥浆等垃圾做一次清除，以确保机械的安全可靠性。

（20）电动升降机吊篮，必须实施二级漏电保护。

（21）利用吊篮进行电焊作业时，严禁用吊篮做电焊接线回路，且应对钢丝绳采取保护措施，吊篮内严禁放置氧气瓶、乙炔瓶等易燃物品。

（22）吊篮内作业人员不得超过2人。

（23）作业完毕，应将吊篮下降至地面，切断电源并锁好电箱。

17. 蛙式夯实机安全操作规程

按照蛙式夯实机产品使用说明书和操作要求，在安全生产中必须遵守以下安全操作规程。

① 蛙式夯实机用于夯实灰土和素土的地基、地坪及场地平整，不得夯实坚硬或软硬不一的地面、冻土及混有砖石碎块的杂土。

② 作业前重点检查：

a. 除接零或接地外，应设置漏电保护器，电缆线接头绝缘良好；

b. 传动带松紧度合适，带轮与偏心块安装牢固；

c. 传动部分有防护装置，并进行试运转，确认正常后，方可作业。

③ 作业时夯实机扶手上的按钮开关和电动机的接线均应绝缘良好。当发现有漏电现象时，应立即切断电源，进行检修。

④ 夯实机作业时，应1人扶夯，1人传递电缆线，且必须戴绝缘手套和穿绝缘鞋。递线人员应跟随夯实机后或两侧调顺电缆线，电缆线不得扭结或缠绕，且不得张拉过紧，应保持有3～4m的余量。

⑤ 作业时，应防止电缆线被夯击。移动时，应将电缆线移至夯实机后方，不得隔机强扔电缆线，当转向倒线困难时，应停机调整。

⑥ 作业时，应保持机身平衡，不得用力向后压，并应随时调整行进方向。转弯时不得用力过猛，不得急转弯。

⑦ 夯实填高土方时，应在边缘以内100～150mm夯实2～3遍后，再夯实边缘。

⑧ 在较大基坑作业时，不得在斜坡上夯行，应避免造成夯锤后折。

⑨ 夯实房心土时，夯板应避开房心内地下构筑物、钢筋混凝土基桩、基座及地下管道等。

⑩ 在建筑物内部作业时，夯板或偏心块不得打在墙壁上。

⑪ 多机作业时，其平列间距不得小于5m，前后间距不得小于10m。

⑫ 夯实机前进方向和四周1m范围内，不得站立非操作人员。

⑬ 夯实机连续作业时间不宜过长，当电动机超过额定温升时，应停机

降温。

⑭ 夯实机发生故障时，应先切断电源，然后排除故障。

⑮ 作业后，应切断电源，卷好电缆线，清除夯实机上的泥土，并妥善保管。

18. 振动桩、锤安全操作规程

按照振动桩、锤使用说明书的要求进行作业，在安全作业中还必须按以下安全操作规程操作。

① 打桩机作业区内应无高压供电线路。作业区应有明显的标志或围栏，非工作人员不得进入。桩锤在施打过程中，操作人员必须在距离桩锤中心5m以外监视。机组人员登高检查或维修时，必须系安全带。工具和其他物件放在工具包内。高空人员不得向下随意抛物。

② 作业场地至电源变压器或供电主干线的距离应在200m以内。

③ 电源容量与导线截面积应符合出厂使用说明书的规定，启动时，电压降应按《建筑机械使用安全技术规程》的规定执行；液压箱、电气箱应置于安全平坦的地方。电气箱和电动机必须安装保护接地设施。

④ 长期置放重新使用前，应测定电动机的绝缘值，且不得小于0.5MΩ，并应对电缆芯线进行导通试验，电缆外包橡胶层应完好无损；应检查并确认电气箱内各部件完好，接触无松动，接触器触点无烧毛现象。

⑤ 作业前，应检查振动桩、锤减振器与连接螺栓的紧固性，不得在螺栓松动或缺件的状态下启动。应检查并确认振动箱内润滑油位置在规定范围内。

用手盘转胶带轮时，振动箱内不得有任何异响。应检查各传动胶带的松紧度，过松或过紧时应进行调整。胶带防护罩不应有破损。

⑥ 夹持器与振动器连接处的紧固螺栓不得松动。液压缸根部的接头防护罩应齐全。应检查夹持器的齿形，当齿形磨损超过 4mm 时，应更换或用堆焊修复。使用前，应在夹持片中间放一块 10～15mm 厚的钢板进行试夹。试夹中液压缸应无渗漏，系统压力应正常，不得在夹持片之间无钢板时试夹。

⑦ 悬挂振动桩、锤的起重机，其吊钩上必须有防松脱的保护装置。振动桩、锤悬挂钢架的耳环上应加装保险钢丝绳。启动振动桩、锤应监视启动电流和电压，一次启动时间不应超过 10s。当启动困难时，应查明原因，排除故障后，方可继续启动。启动后，应待电流降到正常值时，方可转到运转位置。

⑧ 振动桩、锤启动运转后，应待振幅达到规定值时，方可作业。当振幅正常后仍不能拔桩时，应改用功率较大的振动桩、锤。拔钢板桩时，应按打入顺序的相反方向起拔。夹持器在夹持板桩时，应靠近相邻一根，对工字桩应夹紧腹板的中央。如钢板桩和工字桩的头部有钻孔时，应将钻孔焊平或将钻孔以上割掉，亦可在钻孔处焊加强板，应严防拔断钢板桩。

⑨ 拔桩时，当桩身埋入部分被拔起 1.0～1.5m 时，应停止振动，拴好吊桩用钢丝绳，再起振动桩。当桩尖在地下只有 1～2m 时，应停止振动，由起重机直接拔桩。待桩完全拔出后，在吊桩钢丝绳未吊紧前，不得松开夹持器。

⑩ 沉桩前，应以桩的前端定位，调整导轨与桩的垂直度，不应使倾斜度超过 2°；沉桩时，吊桩的钢丝绳应紧跟桩下沉速度而放松。在桩入土 3m 之前，可利用桩机回转或导杆前后移动，校正桩的垂直度。在桩入土超过 3m 时，不得再进行校正。

⑪ 沉桩过程中，当电流表指数急剧上升时，应降低沉桩速度，使电动机不超载。但当桩沉入太慢时，可在振动桩、锤上加一定量的配重。

⑫ 作业中，当遇液压软管破损、液压操纵箱失灵或停电（包括熔丝烧断）时，应立即停机，将换向开关放在"中间"位置，并应采取安全措施，不得让桩从夹持器中脱落。

⑬ 作业中，应保持振动桩、锤减振装置各摩擦部位具有良好的润滑。

⑭ 严禁吊桩、吊锤、回转或行走等动作同时进行。打桩机在吊有桩和锤的情况下，操作人员不得离开岗位。

⑮ 作业中，当停机时间较长时，应将桩、锤落下垫好，检修时不得悬吊桩、锤。

⑯ 遇有雷雨、大雾和 6 级以上大风等恶劣天气时，应停止一切作业。当风力超过 7 级或有风暴警报时，应将打桩机顺风向停置，并应增加揽风绳，或将立桩放倒地面上，立柱长度在 27m 及以上时，应提前放倒。

⑰ 作业后，应将打桩机停放在坚实平整的地面上，将桩、锤落下垫实，并切断动力电源。

⑱ 作业后，应将振动桩锤沿导杆放至地面，并采用木块垫实，带桩管的振动桩、锤可将桩管插入地下一半。

⑲ 作业后，除应切断操纵箱上的总开关外，尚应切断配电盘上的开关，并应采用防雨布将操纵箱遮盖好。

19. 泥浆泵安全操作规程

按照泥浆泵产品说明书和操作步骤进行操作，在安全运行中还必须按照如下安全操作规程进行。

① 泥浆泵应安装在稳固的基础架或地基上，不得松动。

② 启动前检查项目：

a. 各连接部位牢固；

b. 电动机旋转方向正确；

c. 离合器灵敏可靠；

d. 管路连接牢固，密封可靠，底阀灵活有效。

③ 启动前，吸水管、底阀及泵体内应注满水，压力表缓冲器上端应注满油。

④ 启动前使活塞往复两次，无阻梗时方可空载启动，启动后应待运转正常，再逐步增加负荷。

⑤ 运转中，应经常测试泥浆含砂量，泥浆含砂量不得超过 10%。

⑥ 有多挡速度的泥浆泵，在每班运转中，应将几挡速度分别运转，运转时间均不得少于 30min。

⑦ 运转中不得变速，当需要变速时，应停泵进行换挡。

⑧ 运转中，当出现异响或水量、压力不正常，或有明显高温时，应停泵

进行检查。

⑨ 在正常情况下，应在空载时停泵。停泵时间较长时，应全部开放水孔，并松开缸盖，提起底阀放水杆，放尽泵体及管道中的全部泥浆。

⑩ 长期停运时，应清洗各部泥浆、油垢，将曲轴箱内润滑油放尽，并应采取防锈、防腐措施。

20. 混凝土搅拌机安全操作规程

按照混凝土搅拌机的说明书操作，在安全运行中还应按以下安全操作规程进行。

① 固定式搅拌机应安装在牢固的台座上。当长期固定时，应埋置地脚螺栓。在短期使用时，应在基座上铺设木枕并找平放稳。

② 固定式搅拌机的操纵台，应使操作人员能看到各部工作情况。电动搅拌机的操作台，应垫上绝缘板或干燥木板。

③ 移动式搅拌机的停放位置应选择平整坚实的场地，周围应有良好的排水沟渠。就位后，应放下支腿将机架顶起达到水平位置，使轮胎离地。当使用期较长时，应将轮胎卸下妥善保管，轮轴端部用油布包扎好，并用枕木将机架垫起支牢。

④ 对需设置上料斗地坑的搅拌机，其坑口周围应垫高夯实，应防止地面水流入坑内。上料轨道架的底端支承面应夯实或铺砖，轨道架的后面应采用木料加以支承，应防止作业时轨道变形。

⑤ 料斗放到最低位置时，在料斗与地面之间，应加一层缓冲垫木。

⑥ 作业前重点检查项目：

a. 电源电压升降幅度不超过额定值的5%；

b. 电动机和电气元件的接线牢固，保护接零或接地电阻符合规定；

c. 各传动机构、工作装置、制动器等均紧固可靠，开式齿轮、带轮等均有防护罩；

d. 齿轮箱的油质、油量符合规定。

⑦ 作业前，应先启动搅拌机空载运转。应确认搅拌筒或叶片旋转方向与

筒体上箭头所示方向一致。对反转出料的搅拌机，应使搅拌筒正、反转数分钟，并应无冲击抖动现象和异常噪声。

⑧ 作业前，应进行料斗提升试验，应观察并确认离合器、制动器灵活可靠。

⑨ 应检查并校正供水系统的指示水量与实际水量的一致性。当误差超过2%时，应检查管路的漏水点，或应校正节流阀。

⑩ 应检查骨料规格并应与搅拌机性能相符，超出许可范围不得使用。

⑪ 搅拌机启动后，应使搅拌筒达到正常转速后进行上料。上料时应及时加水。每次加入的拌和料不得超过搅拌机的额定容量并应减少物料粘罐现象，加料的次序应为石子→水泥→砂子→水泥→石子。

⑫ 进料时，严禁将头或手伸入料斗与机架之间。运转中，严禁用手或工具伸入搅拌筒内扒料、出料。

⑬ 搅拌机作业中，当料斗升起时，严禁任何人在料斗下停留或通过。当需要在料斗下检修或清理料坑时，应将料斗提升后用铁链或插入销锁住。

⑭ 向搅拌筒内加料应在运转中进行，添加新料应先将搅拌筒内原有的混凝土全部卸出后方可进行。

⑮ 作业中，应观察机械运转情况，当有异常或轴承温升过高等现象时，应停机检查。当需检修时，应将搅拌筒内的混凝土清除干净，然后再进行检修。

⑯ 加入强制式搅拌机的骨料最大粒径不得超过允许值，并应防止卡料。每次搅拌时，加入搅拌筒的物料不应超过规定的进料容量。

⑰ 强制式搅拌机的搅拌叶片与搅拌筒底及侧壁的间隙，应经常检查并确认符合规定，当间隙超过标准时，应及时调整。当搅拌叶片磨损超过标准时，应及时修补或更换。

⑱ 作业后，应对搅拌机进行全面清理。当操作人员需进入筒内时，必须切断电源或卸下熔断器，锁好开关箱，挂上"禁止合闸"标牌，并应有专人在外监护。

⑲ 作业后，应将料斗降落到坑底，当需升起时，应用链条或插销扣牢；冬季作业后，应将水泵、防水开关、量水器中的积水排尽。

⑳ 搅拌机在场内移动或远距离运输时，应将料斗提升到上止点，用保险铁链或插销锁住。

21. 混凝土喷射机安全操作规程

① 喷射机应用于喷送作业，应按出厂说明书规定的配合比配料，风源应是符合要求的稳压源，电源、水源、加料设备等均应配套。

② 管道安装应正确，连接处应紧固密封。当管道穿过道路时，应设置在地槽内并加盖保护。

③ 喷射器内部应保持干燥和清洁，加入的干料配合比及潮湿程度，应符合喷射机性能要求，不得使用结块的水泥和未经筛选的砂石。

④ 作业前重点检查项目：

a. 安全阀灵敏可靠；

b. 电源线无破裂现象，接线牢固可靠；

c. 各密封件密封良好，对橡胶结合板和旋转板出现的明显沟槽及时修复；

d. 压力表指针在上、下限之间，根据输送距离，调整上限压力的极限值；

e. 喷枪水环（包括双水环）的孔眼畅通。

⑤ 启动前，应先接通风、水、电，开启进气阀逐步达到额定压力，再启动电动机空载运转，确认一切正常后，方可投料作业。

⑥ 机械操作和喷射操作人员应有联系信号，送风、加料、停料、停风以及发生堵塞时，应及时联系，密切配合。

⑦ 喷嘴前方严禁站人，操作人员应始终站在已喷射过的混凝土支护面以内。

⑧ 作业中，当暂停时间超过 1h 时，应将仓内及输料管内的干混合料全部

⑨ 发生堵塞时，应先停止喂料，对堵塞部位进行敲击，迫使物料松散，然后用压缩空气吹通。此时，操作人员应紧握喷嘴，严禁甩动管道防止伤人。当管道中有压力时，不得拆卸管道接头。

⑩ 转移作业面时，供风、供水系统应随之移动，输料软管不得随地拖拉和弯折。

⑪ 停机时，应先停止加料，然后再关闭电动机和停送压缩空气。

⑫ 作业后，应将仓内和输料软管内的干混合料全部喷出，并应将喷嘴拆下清洗干净，清除机身内外黏附的混凝土料及杂物。同时应清理输料管，并应使密封件处于放松状态。

22. 混凝土振动器安全操作规程

（1）插入式振动器安全要求

a. 插入式振动器的电动机电源上，应安装漏电保护器，接地或接零应安全可靠。

b. 操作人员应经过用电安全教育和培训，作业时应穿绝缘胶鞋和戴绝缘手套。

c. 电缆线应满足操作所需的长度。电缆线上不得堆压物品或让车辆挤压，严禁用电缆线拖拉或吊挂振动器。

d. 使用前，应检查并确认各部位连接牢固，旋转方向正确。

e. 振动器不得在初凝的混凝土、地板、脚手架和干硬的地面上进行试振。在检修或作业间断时，应断开电源。

f. 作业时振动棒软管的弯曲半径不得小于500mm，并不得多于两个弯，操作时应将振动棒垂直地沉入混凝土，不得用力强插、斜推或让钢筋夹住棒头，也不得全部插入混凝土中，插入深度不应超过棒长的3/4，不宜触及钢筋、芯管及预埋件。

g. 振动棒软管不得出现断裂，当软管使用过久长度增长时，应及时修复和更换。

h. 作业停止需移动振动器时，应先关闭电动机，再切断电源。不得用软管拖拉电动机。

i. 作业完毕，应将电动机、软管、振动棒清理干净，并应按规定要求进行保养作业。振动器存放时，不准堆压软管，应平直放好，并应对电动机采取防潮措施。

(2) 附着式、平板式振动器安全要求

a. 附着式、平板式振动器轴承不应承受轴向力，在使用时，电动机轴应保持水平状态。

b. 在一个模板上同时使用多台附着式振动器时，各振动器的频率应保持一致，相对面的振动器应错开安装。

c. 作业前，应对附着式振动器进行检查和试振。试振不得在干硬土或硬质物体上进行，安装在搅拌站料仓上的振动器，应安置橡胶垫。

d. 安装时，振动器底板安装螺孔的位置应正确，应防止地脚螺栓安装扭斜而使机壳受损。地脚螺栓应紧固，各螺栓的紧固程度应一致。

e. 使用时，引出电缆线不能拉得过紧，更不得断裂。作业时，应随时观察电气设备的漏电保护器和接地、接零装置，并确认正确。

f. 附着式振动器安装在混凝土模板上时，每次振动时间不应超过1min。当混凝土在模内泛浆流动或呈水平状即可停振，不得在混凝土初凝状态时再振。

g. 装置振动器的构件模板应坚固牢靠，其面积应与振动器额定振动面积相适应。

h. 平板式振动器作业时，应使平板与混凝土保持接触，使振动器有效振实混凝土，待表面出浆，不再下沉后，即可缓慢向前移动，移动速度应能保证混凝土振实出浆。在振的振动器，不得搁置在已凝或初凝的混凝土上。

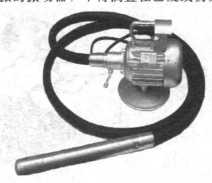

第二章
机械工人安全操作规程

本章导读

机械是由若干相互联系的零部件按一定规律装配起来，能够完成一定功能的装置。机械设备在运行中，至少有一部分按一定的规律做相对运动。成套机械装置由原动机、控制操纵系统、传动机构、支撑装置和执行机构组成。机械是现代生产和生活中必不可少的装备。机械在给人类带来高效、快捷和方便的同时，在其制造和运行、使用过程中，也会带来撞击、挤压、切割、卷入等机械伤害和触电、噪声、高温等非机械危害。

本章选用了25个常用的机械工安全操作规程，其主要目的是：
（1）实现机械的安全
（2）保护人员的安全
（3）严格执行安全技术操作规程

当心机械伤人

23. 车床安全操作规程

根据《金属切削机床 机械加工件通用技术条件》(GB/T 25376)的要求,车床在安全生产中,须遵守如下安全操作规程。

① 装卸卡盘及大的工件、夹具时,床面要垫木板。装卸工件后,应立即取下扳手。

② 装卡工件要牢固,夹紧时要用接长套筒,禁止用手锤敲打,滑丝的卡爪不准使用。

③ 加工细长工件时,要用顶尖、跟刀架或中心架,工件在车头前面伸出部分不得超过工件直径的20~25mm,车头后面伸出部分超过300mm时,必须装设防护板和托架。

④ 加工偏心工件或使用弯板夹工件时,均应加平衡铁,紧固螺栓不应少于两个。加工前应先开慢车速检查,刹车时应缓慢。

⑤ 车内孔时,不准用锉刀、刮刀去倒角;用砂布打光内孔时,不准将手指伸进去打磨。

⑥ 一般不应使用锉刀锉工件,必须用时,应将刀架、尾架退到安全位置,操作时应右手在前,左手在后,身体离开卡盘,禁止使用无柄锉刀操作。使用砂布打磨、抛光工件时,禁止将砂布裹在工件上磨光,应比照使用锉刀的方法,将砂布成直线状压在工件上,用力要均匀,注意防止将衣服或胳臂碰到卡盘或工件上。

⑦ 攻丝或套丝必须使用专用工具,不准一手扶攻丝架(板牙架)一手开车。

⑧ 切大料时,应留有足够余量,卸下后砸断,以免切断时料件掉下伤人。小料切断时,不准用手接。

⑨ 皮带车床变速时,不得用手打皮带,应用皮带杆打落。

⑩ 皮带车床严禁开车转轮。皮带松时,擦皮带油应站在顺侧。

⑪ 立车上大型工件在没有夹紧以前,只能点动校正,并注意周围情况。非操作人员不准靠近机床。

⑫ 如果工件外形超出车床卡盘，必须采取可靠的安全措施，防止碰撞设备或把人碰伤。

⑬ 大型立车两人以上操作，必须确定主操作人员，负责统一指挥，并互相配合好。

⑭ 气动专用车床工作前要详细检查气动系统。在装卸工件时车刀必须退到安全的位置，装工件后手未离开危险区，不准开车。

⑮ 专用车床工作中遇有毛坯尺寸过大或过小的工件，不准加工，以防发生危险。

⑯ 专用车床装卸工件要拿稳、拿牢。卸工件时注意防止手烫伤、砸伤、割伤等危险。

⑰ 自动、半自动车床气动卡盘所需的空气压力，不能低于规定值。

⑱ 自动车床装工件时须放正，气门夹紧后在开车、卸工件时，必须等卡盘停稳后再取下工件。

⑲ 自动车床各走刀限位装置的螺钉必须拧紧，并经常进行检查防止其松动，夹具和刀具安装要牢固。

⑳ 自动车床在工作时不得改变自动换位装置，必须将防护挡板挡好。调整限位挡块，换刀，装卸工件，清理金属屑等作业都必须停车进行。自动车床多机管理时，应逐台巡回查看。

24. 铣床安全操作规程

根据《卧式铣镗床检验条件　精度检验　第3部分：带分离式工件夹持固

定工作台的落地式车床》（GB/T 5289.3—2006）的要求，在镗床的运行中，要按照如下安全操作规程进行。

① 铣床工作前要试车，观察油路，冷却、润滑系统是否正常，机床有无异常声音，操作系统是否灵活可靠。

② 铣床上装夹工件，工具必须牢固可靠，不得有松动。

③ 高速切削时必须装上防护挡板，操作者应戴防护镜。

④ 铣刀装好后，应慢速试车，在整个切削过程中，头、手不得接触铣削面。卸取工件时，必须移开刀具，在刀具停稳后方可进行。

⑤ 拆装立铣刀时，台面须垫木板，禁止用手托刀盘。

⑥ 对刀时必须慢速进刀。刀具接近工件时，需用手摇进刀，不准快速进刀。铣长轴时，轴超出床面时应设动托架。快速进刀时，摘下离合器防止手柄伤人。

⑦ 铣床进刀不能过猛，自动走刀必须拉脱工作台上手轮，不准突然改变进刀速度。

⑧ 工作台上升、下降时应检查上下部有无障碍物。工作台下降至最低极限位置 50mm 以上时，应停止机动下降，改用手动下降。

⑨ 人工加冷却液时必须从刀具前方加入，毛刷要离开刀具，以防发生意外。

⑩ 龙门铣床上工作物要用压板、螺栓或专用工具夹紧。使用一般的扳手不许加套管，以免滑脱伤人。刀具一定要夹牢，否则不准开车。

⑪ 龙门铣床铣切各种工件特别是修复旧工件、粗铣时，开始时应缓慢切削。

⑫ 靠模铣工件时不得将手伸进运转部分，进刀不得过猛，应缓慢进刀。

⑬ 靠模铣床工件与靠模必须装夹牢固，铣刀必须用拉紧螺栓拉紧，并要求遵守铣工其他有关安全技术操作规程。

⑭ 仿型铣开车时还要注意检查各部位，防护装置、润滑系统、铣刀刀杆、工件、工模必须紧固。

⑮ 仿型铣工作时必须先停止所有方面的进刀才能停止主轴。操作者离开机床、主轴变速、更换工件或工具，均必须先停车。

⑯ 螺纹铣及搓丝机操作，在切削过程中严禁用手去摸加工件。

⑰ 螺纹铣床由铣标准螺距的细纹转换到大螺距螺纹时，必须将所需要的交换齿轮装上，再把手柄扳到所需工作位置。必须使主轴上内齿轮咬合脱离后

才能开动机器。溜板在返回行程时，必须将跟刀架固定螺栓松开，把铣刀退出螺栓后，才允许开返回程。

⑱ 键铣床在切削过程中，刀具进给运动未脱开时不得停车。用手对刀，开始吃力时应该缓慢进刀，不得猛然突进。

⑲ 花键铣床在切削中，刀具退离工件时不准停车，在挂轮和装卡刀具、工件时必须切断电源。

⑳ 花键铣床运转切削时要选用适当的切削量，以免产生过大机振。发现工件松动或发生故障必须停车检查。

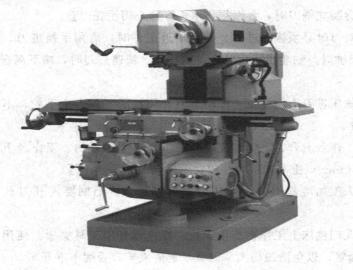

25. 刨床安全操作规程

(1) 牛头刨床

a. 工件装夹要牢固，增加虎钳夹固力应用接长套筒，不得用铁榔头敲打扳手。

b. 刀具不得伸出过长，刨刀要装牢。工作台上不得放置工具。

c. 调整牛头冲程要使刀具不接触工件，滑枕前后不许站人，用手摇动经历全行程进行试验。

d. 加工过程中，操作人的头部不准伸入刀架行程内或在刀下观察工件的切削面。车未停稳时，不准用尺和样板量工件，也不得找正和敲打。加工脆性材料要戴好防护眼镜。

e. 刨削过程中，头、手不要伸到车头前检查，不得用棉纱擦拭工件和机床转动部位。车头不停稳，不得测量工件。

f. 清扫铁屑只允许用毛刷，禁止用嘴吹。

g. 装卸较大工件和夹具时应两人操作，防止滑落伤人。

(2) 龙门刨床

a. 工件装夹必须牢固，压板、垫铁要平稳，并注意龙门宽度。工件装好后，开一次慢的行车试车，检查工件和夹具是否能够安全通过。

b. 开车前须将行程挡铁调节在适当位置并紧固，并清理台面上的杂物。

c. 开车后严禁将头、手伸入龙门及刨刀前面，不准站在台面上，更不准跨越台面。严禁有人在两头护栏内通过。多人操作需由1人指挥，动作要配合协调。

d. 工件装卸及翻身要选择安全的地方并注意锐边、毛刺割手，应和天车工、起重工密切配合。

e. 单臂刨加工超宽工件时，要加安全挡板，并注意现场是否有障碍物。未加工完毕的工件，须在工件下部加千斤顶顶住。

f. 清扫金属屑只允许用毛刷或专用工具，禁止用嘴吹手拨。

g. 装卸较大工件和夹具时注意防止滑落伤人。

h. 操作悬挂电门按钮时，要准确无误，他人不能乱动，失灵时按一下总停按钮。

26. 钻床安全操作规程

根据《数据重型龙门移动式多主轴钻床 第1部分：技术条件》（GB/T 33203.1—2016）和《数据重型龙门移动式多主轴钻床 第2部分：精度检验》（GB/T 33203.2—2016）必须遵循以下安全操作规程。

（1）操作员操作前必须熟悉机器的性能、用途及操作注意事项，新入职员工严禁单独上机操作。

（2）操作人员操作时要穿适当的衣服，不准戴手套。

（3）操作前先启动吸尘系统。

（4）开机前先检查电路牌上的电压和频率是否与电源一致。

（5）机床电源插头、插座上的各触脚应可靠，无松动和接触不良现象。

（6）电线要远离高温、油腻、尖锐边缘，机床要接地线，切勿用力猛拉插座上的电源线。

（7）当发生事故时，应立即切断电源，再进行维修。

（8）机床在工作或检修时，工作场地周围要装上防护罩。

（9）保持工作区内干净整洁，不要在杂乱、潮湿、微弱光线、易燃易爆的场所使用机床。操作者头发不宜过长，以免操作时卷入。

（10）不要进行超出最大切削能力的工作，避免机床超负荷工作。

（11）不要在酒后或疲劳状态下操作机器，保持机床竖直向上，请勿颠覆倾倒。

（12）定期保养机器，保持钻头锐度，切削时注意添加切削液。

（13）使用前，认真检查易损部件，以便及时修理或更换。

（14）钻孔径较大的孔时，应用低速进行切削。

（15）机器工作前必须锁紧应该锁紧的手柄，工件应夹紧可靠。操作人员因事要离开岗位时必须先关机，杜绝在操作中与人攀谈。

（16）机器运转异常时，应立即停机交专业人员检修，检修时确保电源断开。

（17）下班前必须把机器周围的木屑清理干净，马达上不准积存木屑，并做好设备的日常保养工作。

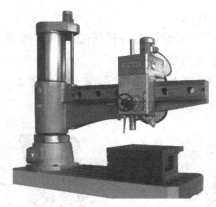

27. 镗床安全操作规程

根据机械工业标准《卧式精镗床 第 3 部分：技术条件》（JB/T 5564.3—2006）等的要求，在进行镗床操作时，须遵守如下安全操作规程。

① 镗床在工作前要检查好各系统是否安全好用，各传动系统有无障碍，检查好镗杆是否紧固。

② 镗床上的工件要把紧，压板必须平稳，支撑压板的垫铁不宜过高、过多。

③ 镗床开动时，镗孔扩孔，不准将头部贴近加工孔观察进刀情况，更不能对着镗杆拿取东西。

④ 启动工作台回转时，必须将镗杆缩回，工作台上严禁站人。

⑤ 两人以上操作大型镗床时，应密切联系、互相配合，必须十分注意安全。

⑥ 在操作过程中，发现限位开关失灵、保险销折断及保险跳闸等不正常现象时，应立即停车修理。

⑦ 安装刀具时，紧固螺栓不准凸出镗刀回转半径。装卸较重工件时必须选用安全的吊具和方法并轻起轻放。禁止将金属物品放在机床导轨面或油漆表面上。

⑧ 对专用或自动数控镗床必须熟悉该机的操作原理，并经试验，空车运行正常后，再进行加工作业。

⑨ 坐标镗床（光学）床面不允许用压缩空气或带纤维的材料擦机床，清扫地板时只许用吸尘器或拖布。

⑩ 精密镗床停车 8h 以上再开动时，应先低速转 3~5min，确认润滑系统及各部运转正常后，再开始工作。

28. 磨床安全操作规程

根据国家标准《外圆磨床　安全防护技术条件》(GB 24384—2009) 的要求，在进行磨床操作时，须遵守下列安全操作规程。

① 磨床属贵重仪器设备，由专职人员负责管理，任何人员使用该设备及其工具、量具等必须服从该设备负责人的管理。未经设备负责人允许，不能任意开动机床。

② 砂轮是易碎品，在使用前须经目测检查有无破裂和损伤。安装砂轮前必须核对砂轮主轴的转速，不准超过砂轮允许的最高工作速度。

③ 直径大于或等于 200mm 的砂轮装上砂轮卡盘后应先进行静平衡试验。砂轮经过第一次整形修整后或在工作中发现不平衡时，应重复进行静平衡试验。

④ 砂轮安装在砂轮主轴上后，必须将砂轮防护罩重新装好，将防护罩上的护板位置调整正确，紧固后方可运转。

⑤ 安装的砂轮应先以工作速度进行空运转。空运转时间为：直径≥400mm，大于5min；直径＜400mm，大于2min。空运转时操作者应站在安全位置，即砂轮的侧面，不应站在砂轮的前面或切线方向。

⑥ 砂轮与工件托架之间的距离应小于被磨工件最小外形尺寸的1/2，最大不准超过3mm，调整后必须紧固。

⑦ 磨削前必须仔细检查工件是否装夹正确、紧固是否牢靠、磁性吸盘是否失灵，用磁性吸盘吸高而窄的工件时，在工件前后应放置挡铁块，以防工件飞出。

⑧ 磨床操作时进给量不能过大。磨削细长工件的外圆时应装中心支架。不准开车时测量工件。严禁在砂轮旋转和砂轮架横向进给的工作范围内放置杂物。

⑨ 用圆周表面作工作面的砂轮不宜使用侧面进行磨削，以免砂轮破碎。

⑩ 砂轮磨损后，允许调节砂轮主轴转速以保持砂轮的工作速度，但不准超过该砂轮上标明的速度。

⑪ 采用磨削液时，不允许砂轮局部浸入磨削液中，当磨削工作停止时应先停止加磨削液，砂轮继续旋转至磨削液甩净为止。

⑫ 工作结束或工作间休息时，应将磨床的有关操纵手柄放在"空挡"位置上。当操作时突然发生故障时，操作者应立即按带自锁的急停按钮。

⑬ 要保持工作环境的清洁，每天下班前15min，要清理工作场所；每天必须做好防火、防盗工作，离开时检查门窗是否关好，相关设备和照明电源开关是否关好。

29. 数控车床安全操作规程

根据《数控机床可靠性规定 第1部分：总则》（GB/T 23567.1—2009）的规定，在进行数控机床操作时，必须遵循下列安全操作规程。

(1) 安全操作基本注意事项

a. 工作时穿好工作服，不允许戴手套操作机床。

b. 未经允许不得打开机床防护门，不要对机内系统文件进行更改或删除。

c. 工作空间应足够大。

d. 某一项工作如需要两人或多人共同完成时，应注意相互间的协调一致。

e. 不允许采用压缩空气清洗机床、电气柜及NC（数控程序）单元。

f. 未经指导教师同意不得私自开机。

g. 请勿更改CNC（数值控制）系统参数或进行任何参数设定。

(2) 工作前的准备工作

a. 认真检查润滑系统工作是否正常，如机床长时间未开动，可先采用手动方式向各部分供油润滑。

b. 使用的刀具应与机床允许的规格相符，有严重破损的刀具要及时更换。

c. 调整刀具所用工具不要遗忘在机床内。

d. 刀具安装好后应进行一两次试切削。

e. 加工前要认真检查机床是否符合要求，认真检查刀具是否锁紧及工件固定是否牢靠。要空运行核对程序，并检查刀具设定是否正确。

f. 机床开动前，必须关好机床防护门。

(3) 工作过程中的安全注意事项

a. 不能接触旋转中的主轴或刀具；测量工件、清理机器或设备时，请先将机器停止运转。

b. 机床运转中，操作者不得离开岗位，发现异常现象立即停车。

c. 加工中发生问题时，请按重置键"RESET"使系统复位。紧急时可按紧急停止按钮来停止机床,但在恢复正常后,务必使各轴复归机械原点。

d. 手动换刀时应注意刀具不要撞到工件、夹具。加工中心刀塔装设刀具时应注意刀具是否互相干涉。

(4)工作完成后的注意事项

a. 清除切屑、擦拭机床,使机床与环境保持清洁状态。

b. 检查润滑油、冷却液的状态,及时添加或更换。

c. 依次关掉机床操作面板上的电源和总电源。

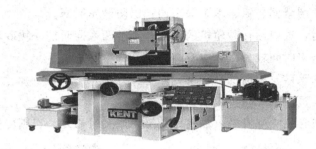

30. 砂轮机工安全操作规程

① 砂轮机的旋转方向要正确,只能使磨屑向下飞离砂轮。

② 砂轮机启动后,应在砂轮机旋转平稳后再进行磨削。若砂轮机跳动明显,应及时停机修整。

③ 砂轮机托架和砂轮之间应保持3mm的距离,以防工件轧入造成事故。

④ 磨削时应站在砂轮机的侧面,且用力不宜过大。

⑤ 根据砂轮的使用说明书,选择与砂轮机主轴转速相符合的砂轮。

⑥ 新砂轮要有出厂合格证,或检查试验标志。安装前如发现砂轮的质量、硬度、粒度和外观有缺陷时,不能使用。

⑦ 安装砂轮时,砂轮的内孔与主轴的配合间隙不宜太紧,应按松动配合的技术要求,一般控制在>0.10mm。

⑧ 砂轮两面要装有法兰盘,其直径不得小于砂轮直径的1/3,砂轮与法兰

盘之间应垫好衬垫。

⑨ 拧紧螺帽时，要用专用的扳手，不能拧得太紧，严禁用硬的东西锤敲，防止砂轮受击碎裂。

⑩ 砂轮装好后，要装防护罩、挡板和托架。挡板和托架与砂轮之间的间隙，应保持在>3mm，并要略低于砂轮的中心。

⑪ 新装砂轮启动时，不要过急，先点动检查，经过>10min试转后，才能使用。

⑫ 初磨时不能用力过猛，以免砂轮受力不均而发生事故。

⑬ 禁止磨削紫铜、铅、木头等东西，以防砂轮嵌塞。

⑭ 磨刀时，人应站在砂轮机的侧面，不准两人同时在一块砂轮上磨刀。

⑮ 刀具磨刀时间较长时，应及时进行冷却，防止烫手。

⑯ 经常修整砂轮表面的平衡度，保持良好的状态。

⑰ 磨刀人员应戴好防护眼镜。

⑱ 吸尘机必须完好有效，如发现故障，应及时修复，否则应停止磨刀。

31. 机修钳工安全操作规程

钳工作业门类繁多，分为维修钳工、装配钳工等，要根据作业内容和环境条件以及工作性质来进行安全操作，一般来说遵守如下安全操作规程是基本安全要求。

① 遵守一般钳工安全技术操作规程及钳工常用工具和设备安全技术操作规程。

②工作开始前,先检查电源、气源是否断开。如果机器与动力线未切断时,禁止检修,检修时在开关处挂"不准合闸""不准开气"的警告牌。

③在拆装侧面机件时,如齿轮箱的箱盖应先拆下部螺栓,装配时应先紧上部螺栓;重心不平衡的机件拆卸时,应先拆离重心远的螺栓,装时应先装离重心近的螺栓;装拆弹簧时,应注意弹簧蹦出伤人。

④拆下来的零件,应尽量放在一起,并按规定存放,不要乱丢乱放。

⑤用人力移动机件时,人员要妥善配备。工作时动作要一致,抬轴杆、螺杆、管子和大梁时,必须同肩,要稳起、稳放、稳步前进。搬运机床或吊运大型、重型机件,应严格遵守起重工、搬运工的安全技术操作规程。

⑥铲刮设备或机床导轨面时,工作底部要垫平稳。用千斤顶时,下面要垫枕木,以保安全可靠。

⑦刮研操作时,被刮研工件必须稳固。较大和较重的校准工具,不准一人搬动,必须装有固定拿手或吊环。搬运工件和校准工具时,要统一行动,统一步调。

⑧研合时,手指不准伸向吻合错动面。

⑨使用工具时,应按钳工正常用工具安全技术操作规程正确操作。使用设备时,应严格遵守该设备的操作规程。

⑩工作场地不得有油液、污水,以防滑倒伤人。

⑪清洗零件时,严禁打火或其他明火作业。不准用汽油擦洗设备或地面。废油要倒在指定容器内,定期收回,不准随便乱倒。

⑫机器设备上的安全防护装置未安装好之前,不准试车,不准移交生产。

32. 设备安装工安全操作规程

①较大机器包装开箱时要预防碰伤、砸伤,要正确使用开箱工具,多人开箱不要挤在一起,操作者要保留一定距离。拆下的包装木板木料要堆放有序。把朝天钉拔掉或打弯,防止扎脚。

②包装未完全拆除时,不准进箱内检查和进行设备拆卸工作。

③安装机器时,池型基础内禁止站人,防止发生脱钩、断绳或机器坠落

事故。

④ 安装机器应用水平仪校正加垫时,不准把手直接伸到机器或重物下面。

⑤ 用行车起重应检查绳索的可靠性,并先进行试吊,不准超负荷起吊。对于超重物件,应采取安全措施,可用重型吊车或其他方式起吊,重物的起吊高度不超过0.5m,以保安全。

⑥ 用千斤顶顶重物时,检查千斤顶是否完好,要严格遵守千斤顶的安全技术操作规程。垫木或落千斤顶时,要保持平衡,以防重物倾倒。

⑦ 竖立拨杆或起重架,下部加以垫木和防滑装置。周围要用拉绳拉住,并能及时调整松紧度。拉绳要拴在紧固可靠的地方。检查钢丝绳的卡子是否卡牢,对润滑部分应添加润滑剂。

⑧ 起重架和拨杆顶端的滑轮要拴牢。拨杆的顶端与建筑物、电线等工件物件之间应留有适当的距离,以防拨杆顶端晃动时撞击建筑物或发生其他事故。

⑨ 安装设备现场,要指定专人维持现场秩序,禁止无关人员入内,保证安全施工。

33. 机械维修工安全操作规程

(1) 机械维修工必须经主管部门培训合格,取得操作资格证书,方可上岗作业。

(2) 机械维修工上岗要求

a. 机械维修工上岗作业前要按规定穿戴好劳动保护用品,不准穿长衣、未扎袖口和底襟的衣服,严禁穿高跟鞋。

b. 机械维修工上岗前要清楚当班任务、施工方法、安全措施和工艺过程,准备好工作中使用的工具材料等一切用具。

c. 工作前必须检查所用工具、起吊设备的可靠性,严禁超负荷带病运转。

d. 较大维修项目,必须由项目负责人统一指挥,设安全负责人,监督检查，互相配合。

e. 机械维修工夜间巡检需带照明灯，禁止班前饮酒。

（3）检修机械设备必须先办理停电手续，并在操作开关上挂警告牌，同时设备旁的现场开关打到"检修"位置；检修结束后，及时办理送电手续，并通知有关人员。

（4）检修人员如因工作需要，进入设备内部检修时，必须设专人在外监护，必要时还应将断电装置加锁，一切工作准备完成后，方可进入设备内进行检修工作。

（5）设备检修完工后，应清理工作现场，不得将杂物或工具遗留在设备内，经检查确认无误后，方可通知有关人员送电试车。

（6）高处作业要求

a. 离地面 2.0m 以上为高处作业，所有高处作业者，均应按此要求执行。

b. 凡患有高血压、心脏病、癫痫病、手脚残疾、深度近视及其他不适宜高处作业者，不得从事高处作业。

c. 登高作业前，应先检查所用的登高工具和安全用具，若不符合要求，应禁止使用或拒绝登高作业。

d. 高处作业时，站立处必须牢固、可靠；要穿软底鞋，不许穿拖鞋、硬底鞋和塑料鞋，以防滑倒或摔下。

e. 高处作业时，要戴安全帽和系安全带，安全带要高挂低用，并固定在结实、牢固的构件上，不能拴在有尖锐棱角的物件上，以免被割断造成事故。

f. 高处作业时，要把所需要用的材料、工具放进工具包内，不应把工具、器材放在工作点边缘；传递物件应用吊绳，防止落下伤人；严禁上下抛掷工具、器材，不允许向地下抛东西。

g. 进行高处作业时，要特别注意周围环境，如电缆、电线、各种机械设备、管道、支架等，如有危害工作人员安全现象，应立即排除或停止工作。

h. 使用梯子登高时，梯子中间不得缺层，并应牢固地支撑在墙柱上；要有防滑措施，靠放斜度不小于 30°，使用人字梯必须挂牢挂钩。

i. 遇到 6 级以上大风和大雨时，禁止露天高处作业，若因抢修需要，必须采取有效安全措施。

（7）使用电焊时按《电气焊割安全技术操作规程》执行。

（8）使用气焊（割）的一般要求（具体按《电气焊割安全技术操作规程》执行）

a. 使用气焊（割）时，必须对焊（割）炬进行检查。

b. 氧气瓶与乙炔瓶的水平距离不得小于5m，并应离火源10m以外。

c. 气瓶放在阴凉地方，不得烈日暴晒，注意防火，瓶身不得沾染油脂、沥青等。

d. 搬运气瓶时应轻拿轻放。

e. 检查压力表时应站在侧面，正面不许有人。

（9）检修起重工作要求

① 起重工作前，应认真检查工作场地，检查所用工具、设备的性能是否良好、可靠。

② 多人操作时，应由一人负责指挥。起重工均应熟悉各种手势、信号、旗语等。

③ 根据物体重量、体积、形状等，采用适当的吊运方法和选用适当工具设备，不许斜吊，不许吊固定或掩埋不明物件，不许超负荷吊装以及超负荷使用各类起重工具。

④ 起重物下面严禁有人停留或通过，起重物上面严禁有人站立或人与物一起吊运。

⑤ 严禁将电缆桥架作为起重支承点，不得随意在钢梁、设备及楼板上焊接吊环和打吊孔。必要时，要经过有关部门同意，经计算后方可进行，吊环焊接要牢固可靠。

⑥ 厂房内吊装孔、每层之间，必须有可靠的信号联系装置和自动装置，各吊装孔必须有牢固盖板或栏杆。临时吊装孔眼，必须设置临时栏杆和盖板，并加醒目标志，以防行人跌落。

⑦ 严禁工作人员随吊装物和吊钩一起上下吊运，吊装孔下严禁行人。

⑧ 严禁在运行管道、带电运转设备、机械设备以及不坚固的建筑物或其他物体上固定滑轮、葫芦、卷扬机等作为起重物的承力点。

⑨ 各种起重工具都要符合规格，经常检查，定期检修。电动葫芦检修后，必须做超载20%的试验，合格后方可继续使用。

⑩ 各种设备的起重吨位必须明确、清楚，信号装置、安全自动装置等必须灵活可靠。

⑪ 各种起重设备，必须有专人负责维护保养，定期检查，建立设备档案。各零部件不得随意拆卸、更换，必须更换时，应经主管部门同意。

⑫ 吊钩、吊环禁止补焊，有下列情况应予更换：

a. 表面有裂纹、破口；

b. 有危险断面及钩环变形；

c. 挂绳处断面磨损超过高度10%。

⑬ 自动起重机应符合起重机械安全规程的技术要求。

（10）检修工作中，拆下的零部件应妥善放置，不得丢失。检修机械零部件的结合面时，应将吊起部件稳住，手不得伸入其间。检查设备内部，照明应用行灯或手电筒，不得用明火照明。检查容易倾倒的部件时，必须支撑牢固。

（11）检修工作中，使用扳手时，扳手与螺帽接触部分不得沾有油脂，应紧密接触。不可在扳手上加套筒用力，也不可将扳手当锤子使用。

（12）检修工作中，要注意周围人员及自身安全，防止因挥动造成工具脱落、工件及铁屑飞溅，造成伤害；消除铁屑、杂物必须用工具，严禁手拨、嘴吹。两人以上一起作业要注意协助、配合。

（13）检修工作中，使用大锤、斧头前要检查手柄、锤头是否牢固。抡大锤、斧头时，正面严禁站人。

（14）检修工作中，使用凿子前，应清除工件和凿子毛刺，如对面有人，必须注意人身安全；清除铁屑、铁锈、灰尘时，禁止嘴吹或用压缩气体（氧气）吹。

（15）检修工作中，锉锯、弯曲、校正工件和管道时，必须夹装牢固。紧固导管及零件时，只准一手用力，另一手攀住固定物。

（16）检修工作中，裁铁板、敲榔头时，人不可对面站立；使用的工件、管件要放置合理。

（17）检修工作中，使用电动工具时，应检查电线绝缘情况及漏电保护装置。

（18）检修工作中，用柴油清洗零件时，周围5m内不准有明火，现场禁止吸烟、乱扔油布、乱倒废油，清洗过的废油要及时处理，以免发生火灾事故。

（19）检修带压（气体、液体）或带电的设备时，必须先卸压、断电再检修，禁止带压（电）检修。

（20）进入金属容器或潮湿环境工作时，必须使用12V以下低压电源照明；其他地方必须使用36V以下低压电源照明。

（21）进入料仓内部检修时，应检查料仓内料位情况并系好安全带，同时与巡检岗位联系好，禁止进料，必须设专人监护。

(22) 检查、检修高温、高风速设备内部前,必须确认温度、风速下降到适宜程度后方可进入内部。

(23) 进入设备内检修时,要先检查设备是否有不安全因素再进入;在设备内动用电气焊(割)工具时,要对电气焊(割)工具进行严格检查,同时要采取强制通风措施,防止触电、中毒事故发生。

(24) 检修斗式提升机时,必须确认逆止器工作可靠,料斗内无存料,以免发生飞车;检修斗式提升机内板链、链斗等部位时,不得将身体伸到机壳内部。

(25) 检修风机时,必须将风机阀门关闭,同时用绳子将风叶固定,防止风机风叶回转伤人。

(26) 检修螺杆式空气压缩机时,一定将机内压缩空气卸完后再检修,禁止带压检修。

(27) 检修中如需要进行设备盘车,须设专人监护、指挥进行。

(28) 检修中需要现场试车时,检修项目负责人必须与该设备的停送电负责人联系送电,现场启动设备必须经过班长允许,上下工序联系好,经现场巡检工确认后,方可现场试车;如需中控试车,中控操作员必须得到检修项目负责人、停送电负责人和现场巡检工的确认后方可中控试车。

(29) 设备检修后必须进行试车,试车设备正常方可确认该设备检修工作完成。

(30) 设备检修后,必须试用紧急停车开关的拉线是否灵活、可靠。必须恢复设备的安全防护、保护装置。必须对其安全防护、保护装置进行测试,确保安全防护、保护装置安全、可靠、灵敏。

(31) 检修完后,必须由检修项目技术负责人检查、验收合格后方能交付使用。

34. 机械装配工安全操作规程

① 在进行维修装配作业前,要对所装配的零部件进行彻底清洗,清洗时可用清洁剂加水,必要时可以加热进行清洗。使用汽油或柴油清洗零部件时,

要将胶管、密封圈、油封等橡胶制品拆下单独用清洁剂清洗，防止橡胶制品受柴油侵蚀发生老化变形，影响使用。

② 维修装配作业应在维修间或室内等洁净的环境中进行，不允许在有泥土、灰尘的地方进行维修装配作业。特殊情况下需在工地进行维修装配作业时，应对作业环境进行处理，用篷布将作业区包围，地上铺垫草席或其他防尘物品。装配油泵、喷油器、精密轴件等总成件时，必须在室内进行，严禁露天作业。

③ 清洗后的零部件装配前，要晾干或用干净的棉纱擦干水和油渍，在运动部件的配合表面上均匀地涂上一层洁净的润滑油。装配前要按照技术标准对零部件进行严格的检查，不符合要求的零部件不允许继续装配使用。

④ 装配作业按照拆卸作业的相反顺序进行。装配正时齿轮、轴瓦、缸套等带有记号或有规定要求的部件时，要特别注意不能装错。装配汽缸盖、轴承等有规定扭紧力矩的部件时，必须使用专用扭力扳手，按照规定力矩进行紧固，禁止凭经验随意紧固。

⑤ 装配较大部件，需要使用起重机具时，要按照起重作业规定进行，零部件捆绑要牢固，方法要得当，并有专人指挥起吊作业。要待部件装配完毕，螺栓全部拧紧后才能松开钢丝绳。

⑥ 使用千斤顶等工具时，要注意其平稳性，支垫应牢固可靠。使用手电钻等电动机具作业时，应做接地保护。

⑦ 冬季在室内进行装配作业时，取暖设施应与作业现场保持一定距离，并严禁使用汽油、丙酮、香蕉水等易挥发物品进行清洗或其他作业，以防发生火灾。

35. 铆工安全操作规程

① 工作前，检查大小锤、平锤等有无卷边、伤痕，锤把应坚韧、无裂纹，安装要牢固。平锤、压锤、扁锤、冲子等工具的顶部严禁淬火。

② 铲、剁、铆等工作，应戴好防护眼镜，不准对着人操作。使用风动工

具工作间断时，应立即关闭风门，将铲头取出。噪声超过规定时，应戴好防护耳塞。

③ 使用钻床时不准戴手套，并应遵守钻工安全技术操作规程。

④ 使用砂轮机要戴好防护眼镜、手套、口罩，并不得站在砂轮机的正面操作。使用手持砂轮，应检查防护罩是否牢固，砂轮有无裂纹，并严格遵守钳工使用砂轮机和手持砂轮安全技术操作规程。

⑤ 使用水压机、曲柄压力机、油压机、剪板机等设备时，应遵守设备安全技术操作规程。使用行车吊运工件，应遵守有关天车工、起重工安全技术操作规程。

⑥ 使用平板机、滚板机时，必须指定专人负责开动。送铁板时，不准站在铁板上，手不准靠近压辊，注意防止衣袖卷入。多人一起工作，必须由一人统一指挥，密切配合。

⑦ 曲柄压力机和摩擦压力机开动时，不准把手和头伸入冲头行程内放料。取料换冲模时，必须将冲头顶住。进行加热工作时，严禁将加热的工件无序投放、乱扔。

⑧ 工作完毕后，工件要堆放整齐，边角余料应放到指定地方，场地要及时清理，经常保持整洁。

⑨ 使用电钻或电动砂轮，必须由专业电工接线，其他人员不准乱接。禁止从配电柜上直接接线。

⑩ 在多人装配作业时，应责成专人指挥，并注意密切配合，以确保安全。

⑪ 禁止在吊起的工件及翻转的工件上进行锤击校正，防止工件脱落。

⑫ 凿冲钢板时，不准用圆形物件（如铁管子、铁棒等）作下面的垫铁，以免滚动使人受伤。

⑬ 用行车翻工作物时，工作人员必须离开危险区域；所用吊具必须事先认真检查，并须严格遵守天车工、起重工安全技术操作规程。

⑭ 使用大锤时，不准戴手套，应注意锤头甩落范围，对面不准站人，防止抡锤时造成危险。

⑮ 加热后的工件要定点存放，搬动时要用滴水试验等方法，视其冷却后可用手搬动，防止烫伤。

⑯ 加热炉工作时，要注意周围有无电线或易燃物品。地炉熄灭时，应在浇水前将风门打开，以防爆炸。熄火后要详细检查，避免复燃起火。

⑰ 装铆工件时，不准用手探试孔位，必须用尖顶穿杆找正，然后穿钉。打冲子时，冲子穿出的方向不准站人。

⑱ 高处作业必须遵守《高处作业安全技术规范》。在圆形工件上工作时，必须把下面垫好，有滚动可能时上面不准站人。

⑲ 远距离扔热铆钉时，要注意四周有无交叉作业的其他工人，为防止行人通过，应在工作现场周围设置围网和警示牌，接铆钉的人要站在侧面。

⑳ 连接压缩空气管（带），要先把风门打开，将气管（带）内的污物吹净后再接。发现堵塞，要用铁条疏通时，头部必须避开。气管（带）不准从铁道上通过。

㉑ 捻打及捻缝时，必须戴好防护眼镜。铆焊件组对时，不准用手摸物件的对口及孔口以防将手刺破和挤伤。使用楔子或撬棍组对焊口时，支点要焊牢，用力不要过猛，对面不得有人。登高组对时，作业点下方不准站人，上部的部件和工具必须安放稳妥，防止落下伤人。

㉒ 在设备内部进行铆焊作业时，照明须使用 36V 以下的安全电压行灯。在潮湿及存放过易燃易爆的塔罐容器内施工，应用 12V 的安全电压行灯。

㉓ 进行风动铆铲作业时，其风窝、风把及风管等必须完好无损，管内不准有杂物。送风时，禁止将风管对着人试验。

㉔ 参加检修作业时，要遵守企业"安全检修管理制度"中的有关防火、防毒等规定。

㉕ 作业完毕，应及时清理现场，边角余料必须放到指定地方。

36. 无损探伤工安全操作规程

根据国家能源标准《承压设备无损检测》（NB/T 47013 系列标准）的要求，进行无损检验作业，在安全作业中还须遵守如下安全操作规程。

(1) 超声探伤

a. 使用仪器前必须对仪器导线、插头等有关设备及工具进行检查，检查合格后，方可使用。仪器必须有可靠的接地线。

b. 声发射探伤仪应使用胶皮软线或轻型移动电缆供电。

c. 经常需要探伤的车间，在配电盘附近应装上备用固定电源，探伤者不得任意接线。

d. 到车间工作时，必须有两人以上同时参加工作。

e. 高处作业时，应设有安全防护措施，防止人和仪器从高处坠落。

f. 工作场地局部照明，必须采用36V以下的安全电压。

(2) 磁力探伤

a. 操作前，认真检查电气设备元件及电源导线的接触和绝缘等，确认完好，才能操作；

b. 室内应保持干燥清洁，连接电线和导电板的螺栓必须牢固可靠；

c. 在电极头之间夹持或拿下零件时必须停电，零件必须固紧；

d. 充电、充磁时，电源不准超过允许负荷，在进行上述工作或启闭总电源开关时，操作者应站在绝缘垫上。

(3) 荧光探伤

a. 操作者戴好口罩，开启通风设备。荧光室内危险物品应妥善存放，严禁烟火。

b. 喷涂氧化镁粉和酒精的混合溶液，或在紫外线下检查零件应正确使用防护用品。涂料应密封存放。工作时，应开抽风排气设备。

c. 操作室内不要饮食。紫外线下工作要戴防护眼镜。

d. 工作完毕后，光液槽必须盖紧上锁，切断电源，清整场地，关好门窗。

(4) X射线探伤

a. 在开始摄片前，首先接通冷却水，并检查水的流量是否符合X光机性能要求。

b. 接通总电源，检查冷却水及油泵电极的转动情况，发现问题及时关掉电源，并通知检修人员及时检修。

c. 摄片时室内禁止人员停留，室外要设置防护围栏。户外工作时，要有足够的防护距离，挂警示标志，禁止人员通过。

d. 在控制X光机的曝光条件时，必须严格遵守设备操作规程。

e. 摄片结束后，冷却水及油泵应继续运转10~15min，才能切断电源。

f. 有电动翻转台的摄片室一定要注意电动平车开动前轨道上是否有电源及电线。

g. 用水冲刷室内时，不得喷到电气设备上。

h. 经常检查设备接地、接零是否正常，操作时必须穿戴好耐压胶鞋。

i. 在摄片时，必须接通风机电源，保证空气畅通。

j. X射线探伤室的防护须经有关部门核准后方可投入工作。探伤室的防护必须确保射线直接穿透及散射线不可超过安全剂量的允许量。探伤室电离所产生的臭氧必须排到无人工作和生活的地方。

（5）工作人员应定期体检（一般间隔6个月）。

（6）其他有关事项应遵守放射性作业工安全技术操作规程中有关规定。

37. 起重工安全操作规程

按照起重机说明书和操作手册的要求，执行企业制定的起重作业标准规定，根据作业条件和环境进行起重作业，必须遵守以下安全操作规程。

（1）一般安全规定

a. 起重工应经专业培训，并经考试合格持有特殊工种安全操作证，方能从事作业。

b. 工作前必须戴好安全帽，严格检查各种设备、工具、索具是否完全可靠，不准超负荷使用，麻绳不准用于机械传动。

c. 现场动力设备必须接地可靠，绝缘良好，移动式灯具要使用安全电压（36V以下）。

d. 多人操作要有专人负责指挥，统一信号，交底清楚，严格按总指挥命令或信号工作。如遇到操作者看不清指挥手势时,应设中转助手,准确传递信号。

e. 起吊工作物,应先检查捆缚是否牢固,绳索经过有棱角缺口处应设垫衬,然后试吊离地面 0.5m,经检查确认稳妥可靠后方能起吊。

f. 使用起重扒杆定位要正确,封底要牢靠,不许在受力后产生扭、曲、沉、斜等现象。

g. 使用千斤顶时,底基要坚实,安放要平稳,顶盖与重物间应垫木块,缓速顶升,随顶随垫,多台顶升时,动作要一致。

h. 缆风绳应不少于 3 根,固定位置要牢靠,不准系结在电线杆、机电设备和管道支架等处,缆风绳拉紧后与地面夹角应小于 45°。需要将缆风绳固定在现场建筑构件上时,须经有关部门批准。

i. 卧式滚移重物时,地面必须平整,枕木垫要硬,钢管要圆,需要用手扳动钢管时,手指应放在管内,物件前后不准站人。

j. 起重区域周围应设置警戒线,悬挂明显警示牌,严禁非工作人员通行。遇 6 级大风时,严禁进行露天起重吊装。

k. 在起重物件就位固定前,不得离开工作岗位,不准在索具受力或吊物悬空的情况下中断工作。

l. 吊物悬空时,禁止在吊物或吊臂下停留或通过。卷扬机、滑轮前及索引钢丝绳边不准站人。

m. 高处作业或使用其他机电设备时,应遵守《高处作业安全技术规范》。

n. 在化工装置区进行吊装,必须对设备、管道加以保护,以防损伤。

(2) 卷扬机

a. 卷扬机操作前必须检查安放位置是否妥当牢固,工作场所周围不准有障碍物。

b. 卷扬机安装临时线应遵守《临时接线安全技术操作规程》。在启动前,必须检查钢丝绳、刹车和机件各部分的电气和机械装置,安全附件是否齐全和灵敏可靠,否则不准使用。

c. 用卷扬机吊运物件时,必须检查工具、索具是否完好。操作人员必须听从专人指挥。

d. 严格做到信号不明、钢丝绳跑偏不开车。卷扬机牵引时,中间不经过滑轮不准进行作业。

e. 严禁超负荷吊运,不得将吊物在半空中悬挂,吊物下禁止人员逗留或行走。

f. 卷扬机运物吊架不准与载人升降机混合使用,不准乘卷扬机上下。

g. 卷扬机在升降极限时,卷筒上的钢丝绳应至少保留两圈以上。

h. 工作完毕后,必须将控制开关恢复"0"位,并切断电源。

38. 起重机械的安装、检验与维修工安全操作规程

按照起重机产品说明书和安装要求及国家特种设备安全技术规范《起重机械定期检验规则》(TSG Q7015—2016)及工作环境和条件进行作业。但必须执行如下安全操作规程。

(1) 起重机械的安装

① 安装队伍的选择。起重机械的安装,应由具有省级主管部门颁发的"起重机械安装(修理)安全许可证"的专业队伍进行,有能力自行安装企业内的起重机械的单位,应经当地市级主管部门审批。安装单位在施工前应到当地主管部门登记申请。无证单位或未经审批不得施工,使用单位也不应选用这样的安装队伍。

② 安装过程中的质量控制。每个较大的安装工程,都应事先制定一个完整的施工组织方案,包括人员组织、时间安排计划、安装设备和工具的选择、安装程序、技术要求及方法、检验(试验)要求及方案、安全防护措施等内容。施工中应严格执行方案要求和原设计的技术要求,保证施工质量。安装过程中有关事项应在自检记录中备案。

③ 安装竣工后的要求。首先,安装单位应按有关标准和该起重设备的设计技术要求进行全面的自检和运行试验,检验和试验结果应做记录备查。自检时,设备使用单位亦应参加。自检合格后,安装单位和使用单位应向当地主管部门申报检验,检验合格后方可交付使用。

(2) 起重机械使用单位的安全检验

使用单位对设备的安全检验及维护保养对保证设备的安全运行至关重要。

安全检验包括周期性检验、技术检验和安全检查。

① 周期性检验

a. 年度检验。年度检验应由企业设备管理部门组织专业人员进行，主要内容有 6 项：

结构部分，主要检查主梁下挠、水平旁弯、主梁与支腿连接处的变形等，上下盖有无裂纹、腐蚀等情况。

机械部分，主要检查减速器、开式齿轮，联轴器、轴承座的连接及运转情况。

电气部分，主要检查电气配线、控制装置和电动机等动力装置的布置状况及控制、拖动功能的有效性。

易损件部分，主要检查钢丝绳、起重链条等吊具、索具的安全性能。

设备基础部分，主要检查支承起重设备的厂房墙壁、柱子及移动式起重机台车等。

额定载荷试验，企业应每年进行一次，要按《起重机试验规范和程序》等有关标准的要求进行。对起重量较大的设备，可以结合吊运相当于额定起重量的重物进行。

对停用一年以上、遇 4 级以上地震、经受 9 级风力（露天起重机）、发生重大设备事故后的起重设备，使用前均应进行上述检验。

b. 半年检查。半年检查内容包括检查控制屏、保护箱、控制器、电阻器、接线座、接线路、螺钉的紧固情况；端梁螺栓的紧固情况；制动器液压电磁铁油量及油质情况；所有电气设备的绝缘情况。

c. 月检查。月检查内容包括检查安全防护装置、警报装置、制动器、离合器等有无异常；钢丝绳压板、绳卡等的紧固及钢丝绳、起重链条的磨损和润滑情况；吊钩、抓斗等吊具有无损伤；电动机、减速器、轴承座、角轴承箱地脚螺栓的紧固及电动机电刷的磨损情况；配线、集电装置配电、开关和控制器等有无异常情况；管口处导线绝缘层的磨损；减速器润滑油的油量等。

d. 周检查。周检查的内容包括制动器轮、闸、带的磨损情况及制动力的大小；频繁使用的起重钢丝绳的磨损、断丝情况；联轴器上键的连接及螺钉的紧固情况；控制器、接触器触头的接触及腐蚀情况。

e. 每日作业前检查。每日作业前检查包括制动器、离合器的可靠性；钢丝绳在卷筒、滑轮上的缠绕应无窜（脱）槽或重叠现象；继电器滑块在滑线上的接触情况；起重机和小车导轨的状态；空载运行检查各操作系统、起升限位开关、行程开关、超载保护装置（有自检功能的）和各种报警装置的可靠性。

② 技术检验。起重机技术检验（按有关起重机械试验标准）：

a. 正常工作的起重机，每 2 年进行 1 次；

b. 大修过、新安装及改造过的起重机，在交付使用前；

c. 闲置时间超过 1 年的起重机，在重新使用前；

d. 经过暴风、大地震、重大事故后，可能使强度、刚度、构件的稳定性能受到损害的起重机。

③ 安全检查

a. 经常性检查。经常性检查应根据工作繁重、环境恶劣的程度确定检查周期，但不得少于每月 1 次。一般应包括：起重机正常工作的技术性能；所有的安全、防护装置；线路、罐、容器阀、泵、吊钩螺母及防松装置；制动器性能及零件的磨损情况；钢丝绳磨损和尾端的固定情况；捆绑、吊挂链、钢丝绳的辅具等。

b. 定期检查。定期检查应根据工作的繁重、环境恶劣的程度确定检查周期，但不得少于每年 1 次。一般应包括：起重机正常工作的技术性能；金属结构的变形、裂纹、腐蚀及焊缝、铆钉、螺栓等连接情况；主要零部件的磨损、裂纹、变形等情况；指示装置的可靠性和精度；动力系统和控制器等。

(3) 设备维修

设备维修应注意以下问题：

a. 设备更换的零部件应与原零部件的性能和材料相同。

b. 结构件需焊接时，所用的材料、焊条等应符合原结构件的要求，焊接质量应符合要求。

c. 起重机处于工作状态时，不应进行保养、维修及人工润滑。

d. 维修时，应符合下述要求：将起重机移至不影响其他起重机工作的位置，对应条件限制，不能做到以上要求时，应有可靠的保护措施，或设置监护人员；将所有的控制器手柄置于零位；切断主电源，加锁或悬挂标志牌，标志牌应放在有关人员能看清的位置。

39. 木工带锯机安全操作规程

根据我国行业标准《木工机械 安全使用要求》(AQ 7005—2008) 的要求，在木工带锯作业中，必须执行如下安全操作规程。

① 作业前检查锯条，如锯条齿侧的裂纹长度超过 10mm，锯条接头处裂纹长度超过 10mm，以及连续缺齿 2 个和接头超过 3 个，均不得使用。裂纹在以上规定内必须在裂纹终端冲一个止裂孔。锯条松紧度调整适当后，先空载运转，如声音正常、无串条现象，方可作业。

② 作业中，操作人员应站在带锯机的两端，跑车开动后，行程范围内的

轨道周围不准站人，严禁在运行中上、下跑车。

③ 原木进锯前，应调好尺寸，进锯后不得调整。进锯速度应均匀，不能过猛。

④ 在木材的尾端越过锯条0.5m后，方可进行倒车。倒车速度不宜过快，要注意木挫、木节疤卡锯条。

⑤ 平台式带锯作业时，送接料要配合一致。送料、接料时，不得将手送进台面。锯短料时，应用推棍送料。回送木料时，要离开锯条50mm以上，并须注意木挫、木节疤卡锯条。

⑥ 装设有气力吸尘罩的带锯机，当木屑堵塞吸尘管口时，严禁在运转中用木棒在锯条背侧清理管口。

⑦ 锯机张紧装置的压砣（重锤），应根据锯条的宽度与厚度调节挡位或增减副砣，不得用增加重锤重量的办法克服锯条口松或串条等现象。

40. 木工圆盘锯机安全操作规程

根据我国行业标准《木工机械 安全使用要求》（AQ 7005）的要求，在木工圆盘锯作业中，必须执行如下安全操作规程。

① 圆盘锯必须装设分料器，开锯与料锯不得混用。锯片上方必须安装保险挡板和滴水装置，在锯片后面，离齿10～15mm处，必须安装弧形楔刀。锯片的安装，应保持与轴同心。

② 锯片锯齿必须尖锐，不得连续缺齿2个，裂纹长度不得超过20mm，裂纹末端应冲止裂孔。

③ 被锯木料厚度，以锯片能露出木料10～20mm为限，夹持锯片的法兰

盘的直径应为锯片直径的1/4。

④ 启动后，待转速正常后方可进行锯料。送料时不得将木料左右晃动或抬高，遇木节要缓慢送料。锯料长度应不小于500mm。接近端头时，应用推棍送料。

⑤ 如锯线走偏，应逐渐纠正，不得猛扳，以免损坏锯片。

⑥ 操作人员严禁站在或面对锯片旋转的离心方向操作，手不得跨越锯片。

⑦ 必须紧贴靠尺送料，不得用力过猛，遇硬节疤应慢推。必须待出料超过锯片15cm方可上手接料，不得用手硬拉。

⑧ 短窄料应用推棍，接料使用刨钩。严禁锯小于50cm的短料。

⑨ 木料走偏时，应立即切断电源，停机调整后再锯，不得猛力推进或拉出。

⑩ 锯片运转时间过长应用水冷却，直径60cm以上的锯片工作时应喷水冷却。

⑪ 必须随时清除锯台面上的遗料，保持锯台整洁。清除遗料时，严禁直接用手清除。

⑫ 严禁使用木棒或木块制动锯片的方法停机。

41. 木工平面刨床安全操作规程

根据我国行业标准《木工机械　安全使用要求》（AQ 7005—2008）的要

求,在木工平面刨床作业中,必须执行如下安全操作规程。

① 作业前,安全防护装置必须齐全有效。

② 刨料时,手应按在料的上面,手指必须离开刨口50mm以上。严禁用手在木料后端送料,跨越刨口进行刨削。

③ 刨料时应保持身体平衡,双手操作。刨大面时,手应按在木料上面。刨小面时,手指应不低于料高的一半,且不得高于料高3cm。

④ 每次刨削量不得超过1.5mm。进料速度应均匀,严禁在刨刀上面回料。

⑤ 被刨木料的厚度小于30mm,长度小于400mm时,应用压板或压辊推进。厚度在15mm,长度在250mm以下的木料,不得在平刨上加工。

⑥ 被刨木料如有破裂或硬节等缺陷时,必须处理后再施刨。刨旧料前,必须将料上的钉子、杂物清除干净,遇木挫、木节疤要缓慢送料,严禁将手按在木节疤上送料。

⑦ 同一台平刨机的刀片和刀片紧固螺钉的厚度、重量必须一致,刀架与刀必须匹配,刀架夹板必须平整贴紧,合金刀片焊缝的高度不得超过刀头,刀片紧固螺钉应嵌入刀片槽内,槽端离刀背不得小于10mm。紧固螺钉时,用力应均匀一致,不得过松或过紧。

⑧ 机械运转时,不得将手伸进安全挡板里侧去移动挡板或拆除安全挡板进行刨削。严禁戴手套操作。

⑨ 两人操作时,进料速度应配合一致。当木料前端越过刃口30cm后,下手操作人员方可接料。木料刨至尾端时,上手操作人员应注意早松手,下手操作人员不得猛拉。

⑩ 换刀片前必须拉闸断电,并挂有"有人操作,严禁合闸"的安全警示牌。

42. 门式、桥式起重机安全操作规程

① 起重机路基和轨道的铺设应符合出厂规定，轨道接地电阻不应大于 4Ω。

② 使用电缆的门式起重机，应设有电缆卷筒，配电箱应设置在轨道中部。

③ 用滑线供电的起重机，应在滑线两端标有鲜明的颜色，沿线应设置防护栏杆。

④ 轨道应平直，鱼尾板连接螺栓应无松动，轨道和起重机运行范围内应无障碍，门式起重机应松开夹轨器。

⑤ 门式、桥式起重机作业前的重点检查项目：

　　a. 机械结构外观正常，各连接件无松动；

　　b. 钢丝绳外观情况良好，绳卡牢固；

　　c. 各安全限位装置齐全完好。

⑥ 操作室内应垫木板或绝缘板，接通电源后应采用试电笔测试金属结构部分，确认无漏电方可上机；上、下操纵室应使用专用软梯。

⑦ 作业前应先进行空载运转，在确认各机构运转正常，制动可靠，各限位开关灵敏有效后，方可作业。

⑧ 开动前，应先发出音响信号示意，重物提升和下降操作应平稳匀速，在提升大件时速度不得过快，并应拴拉绳防止摆动。

⑨ 吊运易燃、易爆、有害等危险化学品时，应经安全主管部门批准，并应有相应的安全技术措施。

⑩ 重物的吊运路线严禁从人上方通过，亦不得从设备上面通过。空车行走时，吊钩应离地面 2m 以上。

⑪ 吊起重物后，应慢速行驶，行驶中不得突然变速或倒退。两台起重机同时作业时，应保持 3~5m 距离。严禁用一台起重机顶推另一台起重机。

⑫ 起重机行走时，两侧驱动轮应同步，发现偏移应停止作业，调整好后，方可继续使用。

⑬ 作业中，严禁任何人从一台桥式起重机跨越到另一台桥式起重机上去。

⑭ 操作人员由操作室进入桥架或进行保养检修时，应有自动断电联锁装置或事先切断电源。

⑮ 露天作业的门式、桥式起重机，当遇 6 级以上大风时，应停止作业，并锁紧夹轨器。

⑯ 门式、桥式起重机的主梁挠度超过规定值时，必须修复后，方可使用。

⑰ 作业后，门式起重机应停放在停机线上，用夹轨器锁紧，并将吊钩升到上部位置；桥式起重机应将小车停放在两条轨道中间，吊钩提升到上部位置，吊钩上不得悬挂重物。

⑱ 作业后，应将控制器拨到零位，切断电源，关闭并锁好操纵室门窗。

43. 电葫芦安全操作规程

① 轨道梁材质、型号和安装与电葫芦安装应遵守生产企业说明书的要求。

② 电葫芦应设缓冲器，轨道两端应设挡板。

③ 作业中开始起吊重物时，应该吊离地面 10cm 停止，检查电葫芦制动装置，确认灵敏可靠后，方可正式作业。

④ 电葫芦严禁超载起吊，严禁吊物从人和设备上方通过。

⑤ 起吊重物时，钢丝绳必须保持垂直，严禁斜吊。

⑥ 起吊重物应捆扎牢固，重物离地面不宜超过 1.5m。空载时吊钩应离地面 2m 以上。吊物不能长时间悬空停留。

⑦ 起吊重物不得急速升降，运行应平稳。

⑧ 操作台应设在操作人员能够直视吊运物的位置上；不能直视吊运物时，

应设信号工，操作人员必须听从信号工的指挥。

⑨ 作业时，操作人员应精力集中，手不离控制器，眼不离吊运物。

⑩ 电葫芦作业时发生异味、高温等异常情况，应立即停机检查，排除故障后方可继续使用。

⑪ 起吊中由于故障造成重物失控下滑时，必须采取紧急措施，向无人处下放重物。

⑫ 作业中遇停电时，应切断电源，并用手动方法将重物降下。

⑬ 电葫芦在额定荷载下制动时，下滑量不得大于 8cm，超过时应清除油污或更换制动环。

⑭ 作业后，必须将吊钩升至安全位置并切断电源。

⑮ 严禁非作业人员进入吊运作业区，配合吊运作业人员应站在安全的地方，不得在吊物下穿行。

44. 气瓶使用安全操作规程

根据国家特种设备安全技术规程《气瓶安全技术监察规范》（TSG R0006—2014）的要求，在气瓶的使用中要严格执行如下安全操作规程。

(1) 氧气瓶

a. 严禁接触和靠近油污及其他易燃品，严禁与乙炔等可燃气体的气瓶混放在一起或同车运输，必须保证规定的安全间隔距离。

b. 不得靠近热源和在阳光下暴晒。

c. 瓶内气体不得用尽，必须保留 0.1～0.2MPa 的余压。

d. 瓶体要装防震圈，应轻装轻卸，避免受到剧烈震动和撞击，以防止气体膨胀而发生爆炸。

e. 储运时，瓶阀应戴安全帽，防止损坏瓶阀而发生事故。

f. 不得手掌满握手柄开启瓶阀，且开启速度要缓慢；开启瓶阀时，人应在瓶体一侧且人体和面部都应避开出气口及减压器的表盘。

g. 瓶阀解冻时，可用热水或蒸汽加热解冻，严禁敲击和火焰加热。

h. 氧气瓶的瓶阀及其附件不得沾油脂，手或手套上沾有油污后，不得操作氧气瓶。

(2) 乙炔瓶

a. 不得靠近热源和在阳光下暴晒；

b. 必须直立存放和使用，禁止卧放使用；

c. 瓶内气体不得用尽，必须保留 0.1～0.2MPa 的余压；

d. 瓶阀应戴安全帽储运；

e. 瓶体要装防震圈，应轻装轻卸，防止因剧烈震动和撞击引起爆炸；

f. 瓶阀解冻时，严禁敲击和火焰加热，只可用热水和蒸汽加热瓶阀解冻，不许用热水或蒸汽加热瓶体；

g. 必须配备减压器方可使用。

(3) 液化石油气瓶

a. 不得靠近热源、火源和暴晒；

b. 冬季气瓶严禁火烤和沸水加热，只可用 40℃ 以下温水加热；

c. 禁止自行倾倒残液，防止发生火灾和爆炸；

d. 瓶内气体不得用尽，应留有一定余压；

e. 禁止剧烈震动和撞击；

f. 严格控制充装量，不得充满液体。

(4) 气瓶的充装

① 对充装单位的要求：

a. 必须建立有与所充装气体种类相适应的能够确保充装安全和充装质量

的管理体系和各项管理制度；

b. 必须配备有熟悉气瓶充装安全技术的管理人员和经过专业培训的气体充装前气瓶检验员、操作员；

c. 必须有与所充装气体相适应的场所、设施、装备和检测手段。

② 充装前的检查：

a. 检查气瓶的原始标志是否符合标准和规程的要求，钢印字迹是否清晰可辨。

b. 检查气瓶外表面的颜色和标记（包括字样、字色、色环）是否与所装气体的规定标记相符。

c. 检查气瓶内有无剩余压力，如有余压，应进行定性鉴别，以判定剩余气体是否与所装气体相符。

d. 检查气瓶外表面有无裂纹、严重锈蚀、明显变形及其他外部损伤缺陷。

e. 检查气瓶的安全附件（瓶帽、防震圈、护罩、易熔合金塞等）是否齐全、可靠和符合安全要求。

f. 检查气瓶瓶阀的出口螺纹形式是否与所装气体的规定螺纹相符，即盛装可燃性气体的气瓶瓶阀螺纹是左旋的；盛装非可燃性气体的气瓶瓶阀螺纹是右旋的。

③ 禁止充气的气瓶：

a. 气瓶是由不具有"气瓶制造许可证"的单位生产的；

b. 颜色标记不符合《气瓶颜色标志》的规定，或严重污损、脱落，难以辨认的；

c. 瓶内无剩余压力的；

d. 超过规定的检验期限的；

e. 附件不全、损坏或不符合规定的；

f. 原始标记不符合规定，或钢印标志模糊不清、无法辨认的。

④ 气瓶的充装量：

a. 永久气体气瓶的充装量是以充装温度和压力确定的，其确定的原则是：气瓶内气体的压力在基准温度（20℃）下应不超过其公称工作压力；在最高使用温度（60℃）下应不超过气瓶的许用压力。

b. 低压液化气体气瓶充装量的确定原则是：气瓶内所装入的介质，即使在最高使用温度下也不会发生瓶内满液，也就是控制气瓶的充装系数（气瓶单位容积内充装液化气体的质量）不大于所装介质在气瓶最高使用温度下的液体密度，即不大于液体介质在60℃时的密度。

c. 高压液化气体气瓶充装量的确定原则是：保证瓶内气体在气瓶最高使用温度（60℃）下所达到的压力不超过气瓶的许用压力。这点与永久气体一样。所不同的是以充装结束时的温度和压力来计算，而高压液化气体因充装时是液态，故只能以它的充装系数来计算。

d. 乙炔瓶的充装压力，在任何情况下都不得大于2.5MPa。

45. 齿轮工安全操作规程

（1）齿轮工通用安全操作规程

a. 开车前检查各手轮、手柄、按钮位置是否正常，开空车检查各运动部位，以及润滑、冷却系统是否正常。

b. 搭配挂轮时，一定要切断总电源。齿轮之间磨合间隙要适当，挂轮搭配好应先在不接触工件时进行试验，手轮用完要及时取下，两人操纵一台机床时，应协调一致。不得同时搭配挂轮和开电门。

c. 加工第一只工件先要手动慢进给，进行试切。工作台上不得放置工具和其他物品。

d. 装卸和测量工件、变速、换刀、紧螺栓必须停车。

e. 操作多台机床时，必须严格进行巡回检查。无人看管的机床必须停止切削。

f. 机床转动时，不准将手伸入刀具与工件之间进行检查，不准用棉纱擦工件和设备，人身体不得接触旋转部分。

g. 切削时要关好防护罩，防止冷却油飞溅，完工工件放入地盘。地上的油渍应随时清除，防止滑跌。

(2) 滚齿机

① 对设备的机械、电气、各操纵手柄、防护装置，以及当班需用的工、量具等进行全面检查，保证良好，并按规定加润滑油。遵守齿轮工安全规章制度。

② 装夹的刀具必须紧固，刀具不合格，锥度不符，不得装夹。

③ 工作前应正确计算各挂轮架的齿轮的齿数。间隙要适当，选用的齿轮其啮合面不应有划痕及油污。挂轮架内不得有工具和杂物，同时根据齿轮铣削宽度调整好刀架行程挡铁。

④ 铣削半面形齿轮时需装平衡铁。

a. 工作前应按工件材料、齿数及齿刀耐用情况选合理的切削用量，并根据加工直齿和斜齿，调好差动离合器，脱开或接通，以免发生事故。

b. 操作者不得自行调整各部间隙。

c. 多工件堆积切削时，其相互接触面间要平直清洁，不得有铁屑等杂物存在。

d. 当切削不同螺旋角时，刀架角度调整后应紧固。

e. 不得在机器转动时对刀和上刀，当刀具停止进给时，方可停车。

f. 工作中要经常检查各部轴承的温升，不许超过 50℃，在大负荷时应注意电机的温升。

g. 有液压平衡装置的设备，在顺铣时应注意按机床规定调整好液压工作压力。

h. 加工少齿数齿时，应按机床规定计算，不得超过工作台蜗杆的允许速度。

i. 必须经常检查并清除导轨及丝、光杆上的铁屑和油污。清扫铁屑应使用专用工具，并停车进行。

j. 扳手与螺帽（螺栓）必须配套，用力要适当，扳动方向无障碍。

k. 紧卡工具应把轴承架放在适当位置，托刀架离开工件应卡紧。

(3) 插齿机

a. 对设备的机械、电气、各操作手柄、防护装置，以及当班所常用的工、量具等进行全面检查，保证良好，并按规定加润滑油。

b. 插齿刀固定于中心轴上时必须紧固牢靠，严防松动。

c. 加工齿轮毛坯必须紧固稳定，同时底部垫上相应的垫块保证插刀有一定的空行程。

d. 同时加工几个毛坯时，一定保持各端面接触良好，中间不得有杂物。

e. T形槽的螺钉必须符合标准，否则不准使用。

f. 设备在运行过程中禁止变换速度，并要注意变换手柄的两个位置，当一个扳把操作时另外一手柄必须在中间位置，否则不得开动。

g. 加工铸铁时应将冷却泵开关关闭。

h. 插齿刀的让刀间隙，操作者不得自行调整。快速调整时分齿挂轮一定脱开，否则会造成事故的发生。

i. 按照齿宽合理调整齿刀工作行程长度，注意插齿刀不得撞上卡盘。

j. 行程调整好后，手动行程几次进行试验，确认完全无事，再开始工作。

（4）剃齿机

a. 工作前认真检查各部安全防护装置是否齐全，自动控制部分是否灵敏好用，认为无问题，可点动开车。

b. 剃齿刀和工件必须配合适当，卡压牢固。每次换工件，要先用手摇动，然后过渡到自动走刀。

c. 夹紧工件时，不准使用不合螺帽规格的扳手。

d. 调整好各部及挂换齿轮时，必须关闭电门。开车后手不准触摸运动部分。

e. 工作结束后，要把各部手柄放置零位。清除铁屑要用专门用具，不准用手。

f. 注意工作卡压方向，以免由于咬合点不对而执刀伤人。

g. 进刀定位器必须准确好用，经常检查校正，防止因连续进给造成事故。

h. 设备运转时，不准离开岗位。完工的工件必须及时运走，摆放工件要整齐稳当，防止倒落砸伤手脚。

（5）伞齿机

a. 对设备的机械电气、各操作手柄、防护装置，以及当班需用的工、量具等进行全面检查，保证良好，并按规定加润滑油。

b. 刀具、工件必须安装牢固。

c. 禁止设备在运转中变换挂轮。

d. 切削过程中刀具未退离工件不得停车。

e. 工作中滑枕每次移动后,必须将紧固螺栓紧固。

f. 当停机时间长或修理电机后第一次开车时,必须将速度挂轮、进给挂轮取下,观察电机运转方向是否正确,运动正确后方能使用设备。

g. 进给挂轮及摇台在调整时,应使两处标线对正零位。

h. 刀具安装后,开车前应检查刀具安装角度,避免两刀具相碰。

i. 不需滚切运动时,应使刀架摇台停于中间位置(零位),把固定连杆装在基键轴上代替取下的摇台摆动交换齿轮,同时应将进给挂轮放在粗切槽内。

j. 调整进给深度时,所需要的行程距离,应等于齿高加上必需的间隙(0.8~1.5mm),如间隙小于 0.5mm,分齿时齿轮会触及刨刀把齿刨掉或造成事故。但当间隙大于 1.5mm 时,则在刨齿时刨刀有效行程减小,将使刨刀过早磨损。工作结束,将各种操纵手柄放到"空位",切断电源。

46. 插床安全技术操作规程

① 工作前,按规定穿戴好防护用品,扎好袖口,女工要戴好工作帽。

② 检查工、卡具有无裂纹现象,不准使用铸铁及淬火钢材做成的压板。

③ 检查插床上各部销子、螺钉等连接部分及可调整的均衡砣是否牢固,螺栓有无损伤现象,发现问题应立即修复。

④ 检查插床各部位的安全装置是否齐全、好用;电气设备和机床外壳的接地必须完好。如有缺损,应及时修复;否则,不得开动设备。

⑤ 使用钳子、卡盘夹工件时,应夹在钳口的中间;夹牢、夹好工件后,套筒扳子要拿下。

⑥ 卡刀杆及插刀时,必须停车进行。刀杆及插刀要切实装牢,不准伸出过长;除插削特殊的深槽以外,一般情况下伸出长度应高于槽深 3mm,以免发生折断崩出伤人。

⑦ 自动走刀插削时,应缓慢接触;在自动走刀时,必须把摇把拿下来。

⑧ 插床运动中,不能将头伸进机床行程内看工件的插削情况,需要时必须停车。

⑨ 机床有下列的情况时，必须停车：

a. 发现夹具松动及调整夹具时；

b. 装卸或调整插刀及刀杆时；

c. 测量检查工件时。

⑩ 消除铁屑应用专用的钩子或刷子，并应停车进行。

⑪ 插削时，手不准扶着工件和床头，更不准把持刀杆；严禁将脚蹬在机床的转动部分、摇把和光杠上。

⑫ 严禁猛刀吃力，以防打刀崩伤人。

⑬ 插刀扎在工件上迫使机床停车，应迅速把机床电门关闭，用手盘车将刀退出，严禁强行开车退刀。

⑭ 凡用吊车在插床上装卸工件时，必须由吊挂工进行；如果车间没有吊挂工应由插工进行，但插工必须经专业培训，持证上岗。

⑮ 使用单臂吊吊卸工件时，应遵守以下各项规定：

a. 没有保险装置不准使用。

b. 严格遵守负荷量，不准超载。

c. 不准斜吊，工件的固定螺栓没卸下不准起吊。

d. 拉转单臂吊，先要清除地上的障碍物，以防绊倒。

e. 钢丝绳不符合安全要求，工件未挂好，不准起吊。

f. 无论重吊或轻吊，使其旋转都必须稳步地拉着绳索，转到需要的角度后，方可撒手；严禁猛拉、急拉或任其自动旋转。

g. 工作毕，拉下电门，清理机床周围杂物，保持通道畅通。

⑯ 开车前对设备传动、电气部分、各操作手柄以及防护装置等全面检查，保证良好，方可操作。

⑰ 装夹工件要选好基准面，压板的垫铁要平放可靠，压紧力要适当，保证工件在切削中不松动。

第三章
电工作业安全操作规程

本章导读

　　本章是电工作业安全操作规程，本章共用23个操作规程，主要有电工作业一般安全操作规程，安装作业安全操作规程，检修作业安全操作规程，用电维修作业安全操作规程，开关柜安全操作规程，配电站安全操作规程等。

　　加强安全用电，养成良好的用电习惯，确保用电安全，应以预防为主，这就在于平时的管理和监督，只有管理和监督切实到位才能有效预防事故。在平时的安全生产中去发现问题、处理问题，就是把平时的安全工作做细、做到位、做扎实，将事故消除在萌芽状态。本章给出的23个安全操作规程，基本上是现阶段生产企业电工常用的，能为电工作业提供规范的、标准的作业依据，为安全用电奠定坚实的基础。

安全用电

SAFE USING ELECTRICITY

47. 电工作业一般安全操作规程

根据电气设备、电气线路的特点、作业环境和企业编制的标准进行作业，但也必须符合如下安全操作规程的要求。

① 电工属于特种作业人员，必须经当地主管部门统一考试合格后，核发全国统一的"特种作业人员操作证"，方准上岗作业，并定期（两年）审查一次。

② 电工作业必须两人同时作业，一人作业，一人监护。

③ 在全部停电或部分停电的电气线路（设备）上工作时，必须将设备（线路）断开电源，并对可能送电的部分及设备（线路）采取防止突然串电的措施，必要时应做短路线保护。

④ 检修电气设备（线路）时，应先将电源切断（拉断刀闸，取下保险），把配电箱锁好，并挂上"有人工作，禁止合闸"警示牌，或派专人看护。

⑤ 所有绝缘检验工具，应妥善保管，严禁他用，存放在干燥、清洁的工具柜内，并按规定进行定期检查、校验。使用前，必须先检查是否良好。

⑥ 在带电设备附近作业，严禁使用钢（卷）尺测量有关尺寸。

⑦ 用锤子打接电极时，握锤的手不准戴手套，扶接地极的人应在侧面，应用工具将接地极卡紧、稳住。使用冲击钻、电钻或钎子打砼眼或仰面打眼时，应戴防护镜。

⑧ 用感应法干燥电箱或变压器时，其外壳应接地。

⑨ 使用手持电动工具时，机壳应有良好的接地，严禁将外壳接地线和工作零线拧在一起插入插座，必须使用二线带地、三线带地插座。

⑩ 配线时，必须选用合适的剥线钳口，不得损伤线芯。削线头时，刀口要向外，用力要均匀。

⑪ 电气设备所用熔丝的额定电流应与其负荷容量相适应，禁止以大代小或用其他金属丝代替熔丝。

⑫ 工作前必须做好充分准备，由工作负责人根据要求把安全措施及注意事项向全体人员进行布置，并明确分工。对于患有不适宜工作疾病者，请长假

复工者、缺乏经验者及有思想情绪者,不能对其分配重要技术工作和登高作业。

⑬ 作业人员在工作前不许饮酒,工作中衣着必须穿戴整齐,精神集中,不准擅离职守。

48. 电工安装作业安全操作规程

① 施工现场供电应采用三相五线制(HN-S)系统,所有电气设备的金属外壳及电线管必须与专用保护零线可靠连接,对产生振动的设备其保护零线的连接点不少于两处,保护零线不得装设开关或熔断器。

② 保护零线应单独敷设,不做他用,除在配电室或配电箱处做接地外,应在线路中间处和终端处做重复接地,并应与保护零线相连接,其接地电阻不大于 10Ω 。

③ 保护零线的截面积应不小于工作零线的截面积,同时,必须满足机械强度的要求。保护零线架空敷设的间距大于 12m 时,保护零线必须选择截面积小于 $10mm^2$ 的绝缘铜线或小于 $16mm^2$ 的绝缘铝线。

④ 与电气设备相连接的保护零线应为截面积不小于 $2.5mm^2$ 的绝缘多股铜线,保护零线的统一标志为绿/黄双色线,在任何情况下,不准用绿/黄双色线作负荷线。

⑤ 单相线路的零线截面积与相线相同,三相线路工作零线和保护零线截面积不小于相线截面积的 50%。

⑥ 架空线路的档距不得大于 35m,其线间距离不得小于 0.3m。架空线相序排列:面向负荷从左侧起为 L1、N、L2、L3、PE(L1、L2、L3 为相线,N 为工作零线,PE 为保护零线)。

⑦ 在一个架空线路档距内,每一层架空线的接头数不得超过该层导线条数的 50%,且一条导线只允许有一个接头。线路在跨越铁路、公路、河流时,档距内不得有接头。

⑧ 架空线路宜采用砼杆或木杆,砼杆不得有露筋、环向裂纹和扭曲,木杆不得腐朽,其梢径应不小于 130mm。电杆埋设深度宜为杆长的 1/10 加

0.6m，但在松软土质处应适当加大埋设深度或采用卡盘等加固。

⑨ 橡皮电缆架空敷设时，应沿墙壁或电杆高置，并用绝缘子固定，严禁使用金属裸线作绑线，固定点间距应保证橡皮电缆能承受自重所带来的负荷。橡皮电缆的最大弧垂距地不得小于2.5m。

⑩ 配电箱、开关箱应装设在干燥、通风及常温场所，要防雨、防尘、加锁，门上要有"有电危险"标志，箱内分路开关要标明用途。固定式箱底离地高度应大于1.3m，小于1.5m；移动式箱底离地高度应大于0.6m，小于1.5m。箱内工作零线和保护零线应分别用接线端子分开敷设，箱内电器和线路安装必须整齐，并每月检修一次。金属后座及外壳必须做保护接零。箱内不得放置任何杂物。

⑪ 总配电箱和开关箱中的两级漏电保护器选择的额定漏电动作电流和额定漏电动作时间应合理匹配，使之具有分级保护的功能，每台用电设备应有各自专用的开关箱，必须实行"一机一闸"制，安装漏电保护器。

⑫ 配电箱、开关箱中的导线进出线口应在箱底面，严禁设在箱体的上面、侧面、后面或箱门外。进出线应加护套分路成束并做防水弯，导线束不得与箱体进、出口直接接触。移动式配电箱和开关箱进出线必须采用橡皮绝缘电缆。

⑬ 每一台电动建筑机械或手移电动工具的开关箱内，必须装设隔离开关和过负荷、短路、漏电保护装置，其负荷线必须按其容量选用无接头的多股铜芯橡皮保护套软电缆或塑料护套软线，导线接头应牢固可靠、绝缘良好。

⑭ 照明变压器必须使用双绕组型，严禁使用自耦变压器。照明开关必须控制火线。使用行灯时，电源电压不超过36V。

⑮ 安装设备电源线时，应先安装用电设备一端，再安装电源一端，拆除时反向进行。

49. 用电维修作业安全操作规程

① 检修工具、仪器等要经常检查，保持绝缘良好状态，不准使用不合格的检修工具和仪器。

② 电机和电器拆除检修后，其线头应及时用绝缘胶带包扎好；高压电机

和高压电器拆除后其线头必须短路接地。

③ 在高、低压电气设备线路上工作，必须停电进行，一般不准带电作业。

④ 停电检修设备及线路，在接地线前应用合格的验电器按规定进行验电，确无电后方可操作。携带式接地线应为柔软的裸铜线，其截面积不小于 $25mm^2$，不应有断股和断裂现象。

⑤ 接拆地线应由两人进行，一人监护，一人操作，应戴好绝缘手套。接地线时先接地线端，后接导线端；拆地线时先拆导线端，后拆地线端。

⑥ 脚扣、踏板、安全带使用前应检查是否结实可靠。应根据电杆大小选用脚扣、踏板，上杆时跨步应合适，脚扣不应相撞。使用安全带时松紧要合适、系牢，结扣应放在前侧的左右。

⑦ 登杆作业前，必须检查木杆根部有无腐朽、空心现象（松木杆不大于 1/4，杉木杆不大于 1/3），原有拉线、帮桩是否良好。砼杆应外观平整、光滑，无外露钢筋，无明显裂纹，杆体无显著倾斜及下沉现象。

⑧ 杆上及地面工作人员均应戴安全帽，并在工作区域内做好监护工作，防止行人、车辆穿越。传递材料应用带绳或系工具袋传递，禁止上下抛掷。

⑨ 雷雨及 6 级以上大风天气，不可进行杆上作业。

⑩ 现场变（配）电室，应有两人值班。对于小容量的变（配）电室，单人值班时，不论高压设备是否带电，均不准不进行检查就从事修理工作。

⑪ 在高压带电区域内部分停电工作时，操作者与带电设备的距离应符合安全规定，运送工具、材料时与带电设备保持一定的安全距离。

50. 低压开关柜安全操作规程

根据《国家电网公司电力安全工作规程（配电部分）》（国家电网安质[2014]265号）的要求，对低压开关柜进行操作，也必须符合下列安全操作规程的要求。

① 操作者应熟悉设备的性能、结构，在操作过程中应遵守安全规章和技术规范。

② 在全部和部分带电的盘上进行工作，应将检修设备与运行设备以明显标志隔开。

③ 在保护盘上进行钻孔等振动较大的工作时，应采取防止运行中设备跳闸的措施。

④ 所有电流互感器和电压互感器的二次绕组应有永久性的、可靠的保护接地。

⑤ 在运行的电流互感器二次回路上工作时，严禁将电流回路断开。

⑥ 在运行中的电压互感器二次回路上工作时，应严格防止短路或接地。

⑦ 接临时负载时，必须装有专用的开关和熔断器。

⑧ 任何额定电压的电容器组，禁止带电荷合闸，每次断开后重新合闸，须在断路 3min 后方可进行。

⑨ 电容器组的检修工作，应在全部停电时进行，先断开电源，将电容器接地放电后，才能进行工作。

⑩ 操作者在操作和维修过程中，必须使用绝缘工具，穿戴安全保护用品（绝缘鞋、绝缘手套）。

51. 低压配电房安全操作规程

根据《国家电网公司电力安全工作规程（配电部分）》（国家电网安质〔2014〕265号）的要求，对低压开关柜进行操作，也必须符合下列安全操作规程的要求。

(1) 停（送）电操作程序

① 合闸送电操作规范：合上低压侧总刀开关—合上低压侧总空气开关—合上各分路刀开关及负荷开关。

　　a. 非专职电工不得进行合闸操作作业。

　　b. 合闸前，应断开各分路全部空气开关。

　　c. 确定整个线路无人进行操作，无短路现象。

　　d. 合闸后检查各表指示，并观察 5min。

② 停电操作规范：断开低压侧各分路负荷开关和闸刀—断开低压侧总空气开关—断开低压侧总刀开关。

a. 断开各分回路的空气开关，拉下各回路刀闸开关。

b. 断开低压配电柜总开关。

c. 挂好禁止合闸标志。

(2) 维护作业

a. 严禁带电操作。

b. 按计划进行维护保养。

52. 低压电工安全操作规程

根据《国家电网公司电力安全工作规程（配电部分）》（国家电网安质[2014] 265 号）的要求，对低压开关柜进行操作，也必须符合下列安全操作规程的要求。

为了保证人身和设备安全，国家按照安全技术要求颁发了一系列的规定和规程。这些规定和规程主要包括电气装置安装规程、电气装置检修规程和安全操作规程等，统称为安全技术规程。由于各种规程内容较多，有的专业性较强，不能全部叙述，下面主要介绍低压电工安全操作规程的内容。

① 工作前必须检查工具、测量仪表和防护用具是否完好。

② 任何电气设备内部未经验明无电时，一律视为有电，不准用手触及。

③ 不准在运转中拆卸、修理电气设备。必须在停车、切断电源、取下熔断器、挂上"禁止合闸，有人工作"的警示牌，并验明无电后，才可进行工作。

④ 在总配电盘及母线上工作时，在验明无电后，应挂上临时接地线。装拆接地线都必须由值班电工进行。

⑤ 工作临时中断后或每班开始工作前，都必须重新检查电源是否确已断开，并要验明无电。

⑥ 每次维修结束后，都必须清点所带的工具、零件等，以防遗留在电气设备中而造成事故。

⑦ 当由专门检修人员修理电气设备时，值班电工必须进行登记，完工后做好交代。在共同检查后，才可送电。

⑧ 必须在低压电气设备上带电进行工作时，要经过领导批准，并要有专人监护。工作时要戴工作帽，穿长袖衣服，戴工作手套，使用绝缘工具，并站在绝缘物上进行操作，邻相带电部分和接地金属部分应用绝缘板隔开。

⑨ 严禁带负载操作动力配电箱中的刀开关。

⑩ 带电装卸熔断器时，要戴防护眼镜和绝缘手套。必要时要使用绝缘夹钳，站在绝缘垫上操作。严禁使用锉刀、钢尺等进行工作。

⑪ 熔断器的容量要与设备和线路的安装容量相适应。

⑫ 电气设备的金属外壳必须接地（接零），接地线必须符合标准，不准断开带电设备的外壳接地线。

⑬ 拆卸电气设备或线路后，要将可能继续供电的线头立即用绝缘胶带包扎好。

⑭ 安装灯头时，开关必须接在相线上，灯头座螺纹必须接在零线上。

⑮ 对临时安装使用的电气设备，必须将金属外壳接地。严禁把电动工具的外壳接地线和工作零线拧在一起插入插座，必须使用两相接地或三相接地的插座，或者将外壳接地线单独接到接地干线上。用橡胶软电缆接可移动的电气设备时，专供保护接零的芯线不允许有工作电流流过。

⑯ 动力配电盘、配电箱、开关、变压器等电气设备附近，不允许堆放各种易燃、易爆、潮湿和影响操作的物件。

⑰ 使用梯子时，梯子与地面的角度以60°左右为宜。在水泥地面使用梯子时，要有防滑措施。对没有搭钩的梯子，在工作中要有人扶持。使用人字梯时，其拉绳必须牢固。

⑱ 使用喷灯时，油量不要超过容器容积的3/4，打气要适当，不得使用漏油、漏气的喷灯。不准在易燃、易爆物品附近点燃喷灯。

⑲ 使用Ⅰ类电动工具时，要戴绝缘手套，并站在绝缘垫上工作，最好加设漏电保护器或安全隔离变压器。

⑳ 电气设备发生火灾时，要立即切断电源，并使用"1121"灭火器或二氧化碳灭火器灭火，严禁使用水或泡沫灭火器。

53. 停送电安全操作规程

按照企业制定的"停送电安全规定"的要求，结合现场实际情况进行操作，必须符合下列安全操作规程的要求。

(1) 停送电操作顺序

① 高压隔离开关操作顺序

a. 断电操作顺序：断开低压各分路空气开关、隔离开关—断开低压总开关—断开高压油开关—断开高压隔离开关。

b. 送电操作顺序和断电操作顺序相反。

② 低压开关操作顺序：

a. 断电操作顺序：断开低压各分路空气开关、隔离开关—断开低压总开关。

b. 送电操作顺序与断电操作顺序相反。

(2) 倒闸操作规程

a. 高压双电源用户倒闸操作，必须事先与供电局联系，取得同意或拿到供电局通知后，按规定时间进行，不得私自随意倒闸。

b. 倒闸操作必须先送合空闲的一路，再停止原来一路，以免用户受影响。

c. 发生故障未查明原因，不得进行倒闸操作。

d. 两个倒闸开关，在每次操作后均应立即上锁，同时挂警告牌。

e. 倒闸操作必须由两人进行（一人操作、一人监护）。

54. 值班电工安全操作规程

执行企业制定值班电工安全工作制度，结合当班的具体情况进行操作，必须依照下列安全操作规程进行作业。

① 值班电工要有高度的责任心，严格执行巡视制度、工作票制度、倒闸制度、交接班制度、安全用具和消防设备保管制度和出入制度。

② 不论高压设备是否停电，值班人员不得单人移开或越过遮栏进行工作，若有必要移开遮栏时必须有监护人在场，并符合不停电时的安全距离：10kV以下，0.1m；35kV，1m；110kV，1.5m。

③ 巡视配电装置，进出高压室，必须随手将门锁好。

④ 与动力110kV变配电室或不属用电单位联系，进行停、送电倒闸操作时，值班人员必须复核无误，并将联系内容和人员姓名做好记录。

⑤ 停电拉闸操作必须按照油开关、负荷侧刀闸、母线侧刀闸的顺序操作。

⑥ 高压设备和大容量低压总盘上的倒闸操作必须由两人进行，并由对设备更为熟悉的一人担任监护，远方控制或隔墙操作的油开关和刀闸可以由单人操作。

⑦ 用绝缘棒拉合高压刀闸或经传动机构拉合高压刀闸和油开关，都应戴绝缘手套。

⑧ 带电装卸熔断器时，应戴防护眼镜和绝缘手套，必要时使用绝缘夹钳，并站绝缘垫上操作。

⑨ 电气设备停电时，在未拉开刀闸和做好安全措施时就视为有电，不得触及设备和进入遮栏，以防突然有电。

⑩ 施工和检修需要停电时，值班人员应该按照工作的要求做好安全措施，包括停电，验电，装设临时接地线，装设遮栏和悬挂警示牌，会同工作负责人现场检查确认无电，并交代附近带电设备位置和注意事项，然后双方办理许可开工签证，方可开始工作。

⑪ 工作结束时，工作人员撤离，工作负责人向值班人员交代清楚，并共同检查，然后双方办理工作签证。值班人员不准对施工设备合闸送电。

⑫ 停电时，必须切断各回路可能来电的电源，不能只拉开关进行工作，而必须拉开刀闸，使各回线至少有一个明显的断开点。变压器与电压互感器必须从高低压两侧断开，电压互感器的一、二次熔断器都要放下，油开关的操作电源要断开，刀闸的操作把手要锁住。

⑬ 验电时，必须用电压等级合适且合格的验电器，在检修设备进出线两侧分别验电，验电前先在有电设备上试验证明验电器良好，高压设备验电时必须戴绝缘手套。

⑭ 当验明设备确已无电后，立即将检修设备导体接地并互相短路，对可能送电至停电设备的各方面或可能产生感应的部分都要装设接地线，装拆接地线都应使用绝缘手套。

⑮ 在一经合闸即可送电工作地点的开关和刀闸的操作手柄上都应悬挂"禁止合闸，有人工作"的警示牌。工作地点两旁和对面的带电设备遮栏上和禁止通行的过道上悬挂"高压危险"的警示牌，工作地点应悬挂"在此地工作"的警示牌。

⑯ 电器设备发生火灾时，应该用二氧化碳或"1211"灭火器扑救。变压器着火时，只有在周围全部停电后才能用泡沫灭火器扑救，配电室门窗应设网栏，防止小动物灾害。

⑰ 发生重大事故时，立即向安全科、调度、车间负责人报告，尽快处理。

55. 维修电工安全操作规程

按照《特种作业人员安全技术培训考核管理规定》，（国家安监总局第30号令），特殊工种应掌握的安全技能的要求，维修电工在进行安全作业时，还必须按照如下安全操作规程进行作业。

① 检修电气设备前，必须穿戴好规定的防护用品，并检查工具和防护用具是否合格可靠。

② 任何电气设备（包括停用电气设备）未经验电，一律视为有电，不准用手触及。

③ 电气设备检修，一律按操作规程进行，先切断该设备总电源，挂上警告牌，验明无电后，方可进行工作。

④ 检修配变设备动力干线必须严格执行操作规程和工作命令，在特殊情况下（指带电）须取得领导同意后，方可进行工作。

⑤ 电气设备金属外壳，一律应有保护接地，接地应符合规定。

⑥ 各种电气设备、电热设备、开关、变压器及分路开关箱等周围禁止堆放易燃物品和加工零件。

⑦ 电气设备安装检修后，须经检验合格后方可投入运行。

⑧ 使用手电钻，一律戴橡皮手套、穿绝缘鞋或使用安全变压器，否则不准使用。

⑨ 检修移动灯具，一律使用 36V 以下安全行灯，锅炉、管道检修和潮湿工作场所应用 12V 安全行灯。

⑩ 单相、三相闸刀严禁带电负荷操作。

⑪ 凡车间电器施工、检修，与中配站取得联系的情况下，由专人办理停送电手续。

⑫ 三股三色、四股四色皮线一律以黑色线作为接地保护线。

56. 维修电工应具备的安全知识

按照《特种作业人员安全技术培训考核管理规定》，（国家安监总局第 30 号令），特殊工种应掌握的安全知识的要求，维修电工在进行安全作业时，还必须按照如下要求掌握一定的安全知识。

维修电工必须接受安全教育，在掌握电工基本的知识和工作范围内的安全操作规程后，才能参加电工的实际操作。

(1) 维修电工应具备的条件

a. 必须身体健康、精神正常。凡患有高血压、心脏病、哮喘、神经系统疾病、色盲疾病、听力障碍及四肢功能有严重障碍者，不能从事维修电工工作。

b. 必须通过正式的技能鉴定站安全考试合格并持有维修电工操作证。

c. 必须学会和掌握触电紧急救护法和人工呼吸法等。

(2) 维修电工人身安全知识

a. 在进行电气设备安装和维修操作时，必须严格遵守各种安全操作规程和规定，不得玩忽职守。

b. 操作时要严格遵守停电维修操作规程，要切实做好防止突然送电的各项安全措施，如挂上"有人工作，不许合闸"的警示牌，锁上闸刀或者取出总电源保险器等。不准约定时间送电。

c. 在邻近带电部分操作时，要保证有可靠的安全距离。

d. 操作前应仔细检查操作工具的绝缘性能，检查绝缘鞋、绝缘手套等安全用具的绝缘性能是否良好，有问题的应立即更换，并应定期进行检查。

e. 登高工具必须安全可靠，未经登高训练，不准进行登高作业。

f. 如发现有人触电，要立即采取正确的抢救措施。

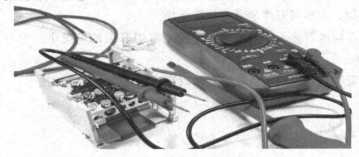

(3) 设备运行安全知识

a. 对于已经出现故障的电气设备、装置及线路，不应继续使用，以免事故扩大，必须及时进行检修。

b. 必须严格按照设备操作规程进行操作，接通电源时必须先合隔离开关，再合负荷开关；断开电源时，应先切断负荷开关，再切断隔离开关。

c. 当需要切断故障区域电源时，要尽量缩小停电范围。有分路开关的，要尽量切断故障区域的分路开关，尽量避免越级切断电源。

d. 电气设备一般都不能受潮，要有防止雨雪、水汽侵袭的措施。电气设备在运行时会发热，因此必须保持良好的通风条件，有的还要有防火措施。有裸露带电部分的设备，特别是高压电气设备要有防止小动物进入造成短路事故的措施。

e. 所有电气设备的金属外壳，都应有可靠的保护接地措施。凡有可能被雷击的电气设备，都要安装防雷设施。

57. 电机修理工安全操作规程

根据《小功率电动机安全要求》（GB 12350—2009）的要求，电机修理的过程中必须执行如下安全操作规程。

① 吊装电机前，应仔细检查吊装器具是否完好，吊装电机时，严禁把手伸进地脚螺栓孔内，防止电机坠落伤人。吊装转子时，不应用钢丝绳，以免打滑转子落下造成人身、设备事故。

② 电机放置应平稳，搁置牢靠，转子放置需用软东西塞紧，防止电机翻落，造成人身事故。

③ 在检修过程中，严禁把螺钉、垫片等小零件放在机体上，以免掉入机内造成事故。

④ 修理人员工作完毕时，应清点工具，防止遗忘于设备上造成事故。

⑤ 电机修理工操作电机时，必须遵守维修电工安全操作规程。

⑥ 电气设备进行高压试验时，实验人员必须遵守高压试验安全工作规程，而且必须划出试验区，防止外人进入，以免高压电击伤人。

⑦ 绕线时，操作人员应与转盘保持一定的距离，以免被绕线绞伤，绕线完毕须断开绕线机电源。

⑧ 浸漆时，周围不许有明火，浸漆人员不准吸烟，以免发生火灾事故。

⑨ 烘烤电机时，需有人值班，以免烘房失控，造成火灾事故。烘烤结束时，需将烘房电源断开。

⑩ 当烘房、绕线机等设备检修时，需在这些设备的电源开关上挂"禁止合闸，有人工作"的标示牌，以免造成检修人员触电事故。

58. 变压器作业安全操作规程

根据国家标准《变压器、电抗器、电源装置及其组合的安全 第1部分：通用要求和试验》（GB 19212.1）的要求编制了该安全操作规程。在变压器作业中必须按照如下安全操作规程进行。

(1) 岗位安全职责

a. 负责电力变压器安装前的检查和保养，并做好检查和保养的记录。

b. 保证安装过程中变压器完好无损。

c. 严格按安全技术交底和操作规程实施作业。

(2) 岗位任职条件

a. 接受过专业安全技术及技能培训。

b. 有统一配发的变配电设备安装上岗证,持证上岗。

(3) 上岗作业准备

a. 接受安全技术交底,清楚其内容,具体包括:变压器的安装高度、一次高压引下线、二次出线、配电箱安装等。

b. 施工前,检查电力变压器规格型号是否满足设计要求。

c. 施工前,施工负责人必须亲自检查现场布置情况,作业人员应认真检查各自操作项目的现场布置情况。

(4) 安全操作规程

a. 大型油浸变压器安装前必须依据安装使用说明书编制安全施工措施。

b. 充氮变压器未经充分排氮(其气体含氧量>18%),严禁工作人员入内。充氮变压器注油时,任何人不得在排气孔处停留。

c. 大型油浸变压器在放油及滤油过程中,外壳及各侧绕组必须可靠接地。

d. 变压器吊芯检查时,不得将芯子叠放在油箱上,应放在事先准备好的干净支垫物上。在放松起吊绳索前,不得在芯子上进行任何工作。

e. 变压器吊罩检查时,应移开外罩并放置在干净垫木上,再开始芯部检查工作。吊罩时四周均应设专人监护,严禁外罩碰及芯部任何部位。

f. 变压器吊芯或吊罩时必须起落平稳。

g. 进行变压器内部检查时,通风和照明必须良好,并设专人监护;工作人员应穿无纽扣、无口袋的工作服,耐油防滑靴,带入的工具必须拴绳、登记、清点,严防工具及杂物遗留在变压器内。

h. 外罩法兰螺栓必须对称均匀地松紧。

i. 检查大型变压器芯子时,应搭设脚手架,严禁攀登引线木架上下。

j. 储油和油处理现场必须配备足够可靠的消防器材,必须制定明确的消防责任制,场地应平整、清洁,10m范围内不得有火种及易燃易爆物品。

k. 变压器附件有缺陷需要进行焊接处理时,应放尽残油,除净表面油污,运至安全地点后进行。

l. 变压器引线焊接不良需在现场进行补焊时,应采取绝热和隔离措施。

m. 对已充油变压器的微小渗漏允许补焊。

n. 变压器的顶部应有开启的孔洞。
o. 焊接部位必须在油面以下。
p. 严禁火焊，应采用断续的电焊。
q. 焊点周围油污应清理干净。
r. 应有妥善的安全防火措施，并对参加人员进行安全技术交底。
s. 变压器进行干燥前应制定安全技术措施及必要的管理制度。
t. 干燥变压器使用的电源及导线应经计算，电路中应有过负荷自动切断装置及过热报警装置。
u. 干燥变压器时，应根据干燥的方式，在铁芯、绕组或上层油面上装设温度计，严禁使用水银温度计。
v. 干燥变压器应设值班人员。值班人员应经常巡视各部位温度有无过热及异常情况，并做好记录。值班人员不得擅自离开干燥现场。
w. 采用短路干燥时，短路线应连接牢固。采用涡流干燥时，应使用绝缘线。使用裸线时必须用低压电源，并应有可靠的绝缘措施。
x. 使用外接电源进行干燥时，变压器外壳应接地。
y. 使用真空热油循环进行干燥时，其外壳及各侧的绕组也必须可靠接地。
z. 干燥变压器现场不得放置易燃物品，并应准备足够的消防器材。

59. 电力线路倒闸安全操作规程

根据国家标准《电力安全工作规程 发电厂和变电站电气部分》（GB 26860）的要求，在电力线路倒闸的操作中必须执行下列安全操作规程。

① 倒闸操作应使用倒闸操作票。倒闸操作人员应根据值班调度员（工区值班员）的操作指令（口头、电话、传真、电子邮件）填写或打印倒闸操作票。操作指令应清楚明确，受指令人应将指令内容向发令人复诵，核对无误。发令人发布指令的全过程（包括对方复诵指令）和听取指令的报告时，都应录音并做好记录。

事故应急处理和拉合断路器（开关）的单一操作可不使用操作票。

② 操作票应用钢笔或圆珠笔逐项填写。用计算机开出的操作票应与手写

格式票面统一。操作票票面应清楚整洁，不得任意涂改。操作票应填写设备双重名称，即设备名称和编号。操作人和监护人应根据模拟图或接线图核对所填写的操作项目，并分别签名。

③ 倒闸操作应按操作票顺序在模拟图或接线图上预演核对无误后执行。操作前、后，都应检查核对现场设备名称、编号，断路器（开关）、隔离开关（刀闸）的断、合位置。电气设备操作后的位置检查应以设备实际位置为准，无法看到实际位置时，可根据设备、电气、仪表指示位置及各种遥测、遥控信号的变化，且至少应由两个及以上的指示同时发生对应变化，才能确认该设备已操作到位。

④ 倒闸操作应由两人进行，一人操作，一人监护，并认真执行唱票、复诵制。发布指令和复诵指令都要严肃认真，使用规范术语，准确清晰，按操作顺序逐项操作，每操作完一项，应检查无误后，做一个"√"记号。操作中产生疑问时，不准擅自更改操作票，应向操作发令人询问清楚，无误后再进行操作。操作完毕，受令人应立即汇报发令人。

⑤ 操作机械传动的断路器（开关）或隔离开关（刀闸）时应戴绝缘手套。没有机械传动的断路器（开关）、隔离开关（刀闸）和跌落式熔断器，应使用合格的绝缘棒进行操作。雨天操作应使用有防雨罩的绝缘棒，并戴绝缘手套。操作柱上断路器（开关）时，应有防止断路器（开关）爆炸伤人的安全技术措施。

⑥ 更换配电变压器跌落式熔断器熔丝的工作，应先将低压刀闸和高压隔离开关（刀闸）或跌落式熔断器拉开。摘挂跌落式熔断器的熔管时，应使用绝缘棒，并应由专人监护。其他人员不得触及设备。

⑦ 雷电时，严禁进行倒闸操作和更换熔丝工作。

⑧ 如发生严重危及人身安全情况时，可不等待指令即行断开电源，但事后应立即报告调度或设备运行管理单位。

60. SF_6电气设备上工作安全操作规程

① 装有SF_6设备的配电装置室和SF_6气体实验室，应装设强力通风装置，

风口应设置在室内底部，排风口不应朝向居民住宅或行人。

② 在室内，设备充装 SF_6 气体时，周围环境相对湿度应不大于 80%，同时应开启通风系统，并避免 SF_6 气体泄漏到工作区。工作区空气中 SF_6 气体含量不得超过 $1000\mu L/L$。

③ 主控制室与 SF_6 配电装置室间要采取气密性隔离措施。SF_6 配电装置室与其下方电缆层、电缆隧道相通的孔洞都应封堵。SF_6 配电装置室及下方电缆层隧道的门上，应设置"注意通风"的标志。

④ SF_6 配电装置室、电缆层（隧道）的排风机电源开关应设置在门外。

⑤ 在 SF_6 配电装置室低位区应安装能报警的氧量仪或 SF_6 气体泄漏报警仪，在工作人员入口处也要装设显示器。这些仪器应定期试验，保证完好。

⑥ 工作人员进入 SF_6 配电装置室，入口处若无 SF_6 气体含量显示器，应先通风 15min，并用检漏仪测量 SF_6 气体含量合格。尽量避免一人进入 SF_6 配电装置室进行巡视，不准一人进入从事检修工作。

⑦ 工作人员不准在 SF_6 设备防爆膜附近停留。若在巡视中发现异常情况，应立即报告，查明原因，采取有效措施进行处理。

⑧ 进入 SF_6 配电装置低位区或电缆沟进行工作，应先检测含氧量（不低于 18%）和 SF_6 气体含量是否合格。

⑨ 在打开的 SF_6 电气设备上工作的人员，应经专门的安全技术知识培训，配置和使用必要的安全防护用具。

⑩ 设备解体检修前，应对 SF_6 气体进行检验。根据有毒气体的含量，采取安全防护措施。检修人员需穿着防护服并根据需要佩戴防毒面具。打开设备封盖后，现场所有人员应暂离现场 30min。取出吸附剂和清除粉尘时，检修人员应戴防毒面具和防护手套。

⑪ 设备内的 SF_6 气体不得向大气排放，应采取净化装置回收，经处理合格后方准使用。回收时作业人员应站在上风侧；设备抽真空后，用高纯度氮气冲洗 3 次 [压力为 $9.8\times10^4 Pa$（1 个大气压）]。将清出的吸附剂、金属粉末等废物放入 20% 氢氧化钠水溶液中浸泡 12h 后深埋。

⑫ 从气体钢瓶引出 SF_6 气体时，应使用减压阀降压。当瓶内压力降至 $9.8\times10^4 Pa$ 时，即停止引出气体，并关紧气瓶阀门，戴上瓶帽。

⑬ SF_6 配电装置发生大量泄漏等紧急情况时，人员应迅速撤出现场，开

启所有排风机进行排风。未佩戴隔离式防毒面具人员禁止入内。只有经过充分的自然排风或恢复排风后，人员才准进入。设备防爆膜发生破裂时，应停电处理，并用汽油或丙酮擦拭干净。

⑭ 进行气体采样和处理一般渗漏时，要戴防毒面具并进行通风。

⑮ 操作 SF_6 断路器（开关）时，禁止检修人员在其外壳上进行工作。

⑯ 检修结束后，检修人员应洗澡，把用过的工器具、防护用具清洗干净。

⑰ SF_6 气瓶应放置在阴凉干燥、通风良好、敞开的专门场所，直立保存，并应远离热源和油污的地方，防潮、防阳光暴晒，并不得有水分或油污黏附于阀门上。搬运时，应轻装轻卸。

61. 电气安全用具安全操作规程

电气安全用具分为绝缘安全用具和一般防护用具。绝缘安全用具包括：绝缘棒、验电器、绝缘夹钳、绝缘手套和绝缘靴以及绝缘垫和绝缘台；一般防护用具包括：携带型接地线、隔离板和临时遮栏、安全腰带。每个单位都对电气安全用具制定有专门的安全管理制度，电工在使用安全用具时，除执行有关制度外，还必须执行如下安全操作规程。

(1) 绝缘操作棒

不用时应垂直放置，最好放在支架上，不应使其与墙壁接触，以免受潮。

(2) 绝缘夹钳

a. 工作时戴护目镜、绝缘手套，穿绝缘靴（鞋）或站在绝缘台（垫）上，精神集中，注意保持身体平衡，握紧绝缘夹钳，不使夹持物滑脱落下；

b. 潮湿天气应使用专门的防雨绝缘夹钳；

c. 不允许在绝缘夹钳上装接地线，以免接地线在空中晃荡，触碰带电部分、接地短路或造成人身触电事故；

d. 使用完毕，应保存在专用的箱子里或匣子里，以防受潮和碰损。

(3) 验电器（笔）

a. 应选用电压等级相符，且经试验合格的产品。

b. 验电前应先在确知带电的设备上试验，以证实其完好后，方可使用。

c. 使用高压验电器时，不要直接接触设备的带电部分，而要逐步接近，到氖灯发亮为止。

d. 使用时应注意避免受邻近带电设备影响而使验电器氖灯发亮，引起误判断。

e. 验电器与带电设备距离应为：电压为 6kV 时，大于 150mm；电压为 10kV 时，大于 250mm。

(4) 绝缘手套

a. 不许作其他用；

b. 使用前，要认真检查是否破损、漏气，用后应单独存放，妥善保管。

(5) 绝缘靴（鞋）

a. 严禁作为普通靴穿用；

b. 使用前应检查有无明显破损，用后要妥善保管，不要与石油类油脂接触。

(6) 绝缘站台

不应使台脚陷于泥土或台面触及地面，以免过多地降低其绝缘性能。

(7) 绝缘橡皮垫

a. 尺寸不得小于 0.8m×0.8m；

b. 在使用过程中，应保持干燥、清洁，注意防止与酸、碱及各种油类物质接触，以免受腐蚀后老化、龟裂或变黏，降低其绝缘性能；

c. 应避免阳光直射或锐利金属划刺，存放时应避免与热源（如暖气）等距离太近，以防急剧老化变质，绝缘性能降低；

d. 使用过程中要经常检查有无裂纹、划痕等，发现有问题时要立即禁用并及时更换。

(8) 电工安全腰带

不用时挂在通风处，不要放在高温处或挂在热力管道上，以免损坏，降低其使用性能。

(9) 安全帽

a. 帽壳完整，无裂纹或损伤，无明显变形；

b. 帽衬组件（包括：帽箍、顶衬、后箍、下颌带等）齐全、牢固；

c. 帽舌伸出长度为10～50mm，倾斜度在30°～60°之间；

d. 永久性标志清楚。

(10) 临时接地线

a. 挂接地线时要先将接地端接好，然后再将接地线挂到导线上，拆接地线的顺序与此相反；

b. 应检查接地铜线和三根短接铜线的连接是否牢固，一般应由螺栓紧固后，再用锡焊牢，以防因接触不良而熔断；

c. 装设接地线必须由两人进行，装、拆接地线均应使用绝缘棒和戴绝缘手套。

(11) 防护栏杆标识牌

a. 标识牌内容正确，悬挂地点无误；遮栏牢固可靠。

b. 严禁工作人员和非工作人员移动遮栏或取下标识牌。

(12) 脚扣

a. 脚扣在使用前应做外观检查，看各部分是否有裂纹、腐蚀、断裂现象。若有，应禁止使用。在不用时，应每月进行一次外观检查。

b. 登杆前，应对脚扣做人体冲击试验，以检验其强度。其方法是将脚扣系于钢筋混凝土杆上离地0.5m左右处，借人体重量猛力向下蹬踩，脚扣（包括脚套）无变形及任何损坏方可使用。

c. 应按电杆的规格选择脚扣，并且不得用绳子或电线代替脚扣皮带系脚。

d. 不能随意从杆上往下摔扔脚扣，作业前后应轻拿轻放，并妥善保管，存放在工具柜里,放置应整齐。

(13) 升降板

a. 脚踏板无腐朽、劈裂及其他机械或化学损伤;

b. 绳索无腐朽、断股或松散现象;

c. 金属钩无损伤及变形;

d. 定期检验,并有记录,不可超期使用。

(14) 梯子

a. 为了避免靠梯翻倒,其梯脚与墙之间的距离不得小于梯长的1/4。为了避免滑落,其间距离不得大于梯长的1/2。

b. 在光滑坚硬的地面上使用梯子时,梯脚应加胶套或胶垫;在泥土地面上使用时,梯脚最好加铁尖。

c. 在梯子上作业时,梯顶一般不应低于作业人员的腰部,或作业人员应该站在距梯顶不小于1m的横担上作业,切忌站在梯子上的最高处或上面一、二级横担上作业,以防朝下后仰摔下。

d. 登在人字梯上操作时,切不可采取骑马方式站立,以防人字梯两脚自动滑开时造成事故。

(15) 安全网

a. 每次使用前应检查网绳是否完整无损。受力网绳是直径为8mm的锦纶绳,不得用其他绳索代替。

b. 分解立塔时,当塔身下段已组好,即可将安全网设置在塔身内部有水平铁的位置,距地面或塔身内断面铁的距离应不小于3m,四角用直径10mm的锦纶绳牢固地绑扎在主铁和水平铁上,并拉紧,一般应按塔身断面大小而设置。如果安全网不够大,也可接起来使用。

62. 检修电工安全操作规程

① 检查、维修设备时,必须严格遵守有关安全规定,办理有关手续后方可操作,切断电源。

② 检修前要先切断要修的线路和设备的电源，并用试电笔进行试验，证实没电后悬挂"严禁合闸"警示牌，并采取短路接地措施；确认检修完毕，清理现场后，由停电挂警示牌者将警示牌取下，按程序恢复送电。

③ 作业完毕应有操作工或机械维修工在场操作和观察，以证实设备运转正常。如果是为了迅速恢复生产而采取临时措施，应将情况和注意事项向操作工或机械维修工说明并向班长报告以便安排处理措施。

④ 离场前应再次检查以确认设施完好、完全，清理作业场所，并做好记录。

⑤ 检查、检修电气设备时，应两人搭档，相互监护。

⑥ 检查大项目时，必须有专人负责分管停、送电，监督和指挥工作，并在工作处做好安全措施。

⑦ 高处作业，必须办理登高作业证，必须系好安全带。安全带要求高挂低用，安全绳长度小于2m。严禁在高处抛物。登梯作业时应有专人监护。

⑧ 一般情况下，在电气设备上工作均应停电后操作。必须带电作业时，要采取安全措施，按带电作业规程操作。

⑨ 严格按电气设备的安全技术进行安装及维护。电线、电缆、母线等电板导接头处要拧紧，绝缘包扎好，严禁有松动或破损裸露的现象。

⑩ 对于电气设备的裸露部位（带电体）或旋转部位设置安全防护或防护遮栏，并挂警示牌。

⑪ 高压停、送电，必须得到有关主管方面的指令，方可按工作票制度、工作许可制度、工作监护制度进行操作。拉闸时必须两人进行，操作者应听监护者发布的逐条操作命令，复诵命令无误后再操作。

⑫ 变配电室内、外高压部分及线路停电作业时：

a. 切断有关电源，操作手柄应上锁或挂标示牌。

b. 验电时应戴绝缘手套，按电压等级使用验电器，在设备两侧各相或线路各相分别验电。

c. 验明设备或线路无电后，将检修设备或线路做短路接电。

d. 装设接地线，应由两人进行，先接接地端，后接导体端，拆除时顺序相反。拆、接时均应穿戴绝缘防护用品。

e. 接地线应使用截面积不小于$25mm^2$多股软裸铜线和专用线夹，严禁用缠绕的方法进行接地和短路。

f. 设备或线路检修完毕，全面检查无误后方可拆除临时短路接地线。

⑬ 谨防静电危害，做好静电安全措施。雷电时，禁止带电作业。

⑭ 电工必须具备必要的电气安全救护、防火知识，掌握触电后的紧急救护法及电气火灾扑救方法。

63. 运行维修电工安全操作规程

① 管辖区域内的配电箱、抽屉等开关的合闸必须由本班电工进行，但属于某设备的开关可由该岗位的工人操作。电工应对所管辖的配电箱等各类设备经常进行安全检查。

② 禁止非电工人员修理电气设备、线路及开关或进入配电室。

③ 电气设备的保护装置不得随意变动或拆除，不得更改其整定好的设计参数，必须定期做预防性检验及绝缘防护用品的预防性试验。

④ 对运行中电机和转动设备进行维修时，不许在转动时进行其他工作；如必须工作应有保证安全的防护措施。对正在运行的电气设备，发生或未发生不正常现象一律不准带负荷拉隔离开关。

⑤ 要防止各种冷却液及润滑油等侵入电气设备，注意电源线或接地线是否移动，各种安全设施是否齐全可靠，禁止在电机开关和其他电气设备附近堆放材料或杂物，更不准在开关箱内放置其他东西。

⑥ 变电所、配电室等处，必须备有电气用消防器材，并要设专人保管，电工随时可能会用。

64. 巡检电工作业安全操作规程

上班时应首先巡视检查责任范围内的电气设施（如果有人交班，应在巡视检查前向上一班人员了解电气设施运行情况和遗留问题）。巡视检查内容包括：

① 对管辖维修区域内的配电线路、低压配电室、电机设备、其他电力传

动和照明等设备，每班应巡视检查并做记录。

② 各车间供电是否正常，如果不正常应首先恢复供电，特别要保证重要设备、主要生产线的正常供电。

③ 设备是否在正常运转，电气操作和电气控制系统是否灵活、有效、可靠。为了能较准确地掌握电气设施情况，电气巡检人员应向操作工、机械维修工、质检员了解设备运转情况和电控系统是否满足设备、工艺、质量各方面的要求。

④ 检查供电系统是否安全，包括车间进线总开关、各分开关、各条线路以及线路上的附属装置、用电装置、用电设施、安全设施和安全标志是否完好、有效、可靠。

⑤ 检查传动设备时，应重点检查电机的接线板和启动装置，检查电机和电气设备的运行情况，电机温度、声音等是否正常。

⑥ 各种照明设备是否安全可靠，照明灯的电压是否合乎规定，安全变压器插座、接地是否合乎要求。

⑦ 检查各类人员用电操作是否符合规定，发现不符应立即纠正。

上述各项检查中发现隐患的应立即采取处理措施，做到生产正常、质量符合要求、安全符合规定。

65. 低压带电作业安全操作规程

根据国家标准《电力安全工作规程　发电厂和变电站电气部分》（GB 26860）的要求，低压带电作业须执行如下安全操作规程。

① 遵守电工一般安全要求。

② 应尽量避免带电作业。必须带电作业时，工作前应采取相应的组织措施和安全措施，经有关部门批准后方可进行。

③ 带电作业应由两人进行，一人操作，一人监护。

④ 工作人员应穿绝缘鞋，戴干燥洁净的线手套，站在与地面绝缘的梯子或其他绝缘物上操作，工作中身体不准与周围接地体接触。

⑤ 带电接线时，应先接开关及其以下负荷部分，后接电源。接线应逐根

进行，如为裸线，应做好接头的隔离工作。

⑥ 在架空线上带电作业，应特别注意不使身体与接地引下线、拉线、通信线、路灯线等接触。

⑦ 已送电的电气设备应挂警示牌，凡人能触及的部分应采取防护措施。

⑧ 雷雨、浓雾及周围潮湿时，禁止带电作业。

66. 电缆敷设作业安全操作规程

① 遵守电工一般安全要求。

② 在开挖电缆沟前，应取得地下电缆管线的有关资料，开挖时应采取相应的安全措施，避免损坏原有地下电缆、管道等。

③ 在敷设电缆时，应按规定穿戴劳动保护和安全防护用品。

④ 敷设电缆前，应将沟内杂物清除干净，并加保护措施。

⑤ 敷设电缆时，电缆盘应架设稳固，转动要平稳缓慢。电缆盘上的铁钉及其他尖状凸出物应予清除。

⑥ 在转弯处敷设电缆时，人员应处在弯角外侧。电缆穿管时，应采取防止手被挤伤的措施。

⑦ 冬季施工需对电缆加热时，加热电缆胶或熔化焊锡应有防火措施。已熔化的电缆胶或焊锡，应防止水滴或湿物溶入。熔化电缆胶及浇制电缆头时，人员应戴手套和护目镜。

⑧ 在制作环氧树脂电缆头时应采取防毒措施。

67. 电气高压试验安全操作规程

根据电力安全工作规程（GB 26859～GB 26861）的要求，电气要进行高压试验，在此工作中必须遵循如下安全操作规程。

（1）电气试验的产品或设备的有关技术文件。应规范齐全、完整。试验工艺（含装夹具等）均应经安全技术论证，并由同级安全技术部门认可。修改试验工艺必须经单位技术负责人核准其安全技术措施，并由安全技术部门督促检查。

（2）高压试验工作人员必须经安全技术教育培训，熟悉试验规范并应遵守《电气运行安全操作规程》的有关规定。每一批（或每一次）试验开始前必须填写危险作业审批单，落实安全措施。

（3）高压试验项目均须填写试验卡片。其中应包括：试验任务、项目、标准、安全措施和注意事项。对复杂的试验，还应包括试验方法，试验接线，使用仪器和表计的数量，规格以及预计的试验，应该拆除的接线，接地的部分等。操作时，必须戴高压防护手套。

（4）工作前的准备工作包括：

① 遵守电工作业的一般规定；

② 工作前，由工作负责人向作业组人员讲解工作内容，注意事项，并明确进行分工，有关内容应记录或录音；

③ 作业组人员按试验卡片规定的任务，准备并检查全部仪器、工具，检查接线，试验用的装夹具绝缘均须可靠，不得使用"鳄鱼夹"等有金属裸露或可导电材料；

④ 到现场后，由工作领导人或负责人，持工作票核对试验卡片与现场条件是否相符，是否适合所要求的工作；

⑤ 工作负责人和作业组人员共同选定接地点，高压试验线的途径，被试设备与高压试验的连接位置。

（5）电工试验场所应采用封闭式，禁止非工作人员进入。电气回路应单独控制。试验人员应在高压试验所经过的地方及被试设备周围（包括被试电缆的另一头）设置试验用遮栏，在遮栏的醒目地点应挂上"高压试验，生命危险！"的警示牌，设置联锁装置，警示装置，试验时应有人作警戒以防他人穿越。变电间电缆耐压试验时，应在变压器间门内装设1.3m高的网状遮栏，将试验间门关好。

试验使用金属遮栏及耐压试验装置金属外壳应接保护接零（地），并应考虑到不妨碍运行人员巡视检查和处理故障时的运行。

（6）试验用接地线应不穿过通道，以免被人绊断，否则应设两根接地线，分别在两处接地。在试验地点设有单独可靠的接地装置。接地线应采用有足够截面的多股裸铜线。试验场所应设单独接地装置并与电网主干零线连接。

（7）接线时应先接地线，后接电源线。试验变压器高压侧应挂临时接地线。试验用仪器外壳均须接地。作测量用的互感器二次线圈应接地。在易于绊脱的地方，以及高压试验线与设备连接处，应打结固定。

（8）试验高压线应尽量短，试验前必须检查其机械强度及绝缘强度。试验设备布置和高压试验线的敷设应考虑在其折断掉下来时不危及人身安全。室外刮风天气，应考虑风向。试验人员应处于上风处。

（9）试验电源的刀闸应装在试验现场，不准用远离试验现场的刀闸。刀闸应能明显看出断开位置。为防止误合，在刀口可加绝缘垫板。

试验时须拆下运行人员装设的地线时，只有在试验接线完成后，准备加电压前，才能拆下试验地线，试完后该相地线即应重新装好。

当要拆下只经一个断开点与运行设备隔离的被试设备上的地线时，应派人看守该断开点，以防他人误合。试验完毕后应立即恢复地线。如测试配电变压器高压侧直流电阻要拆下低压地线时，应派人看守低压侧刀闸。如隔开作逐相工频耐压而母线带电时，应派人看守母线刀闸操作把手。

（10）在设备上加装试验用短路或接地线时，应在试验工作卡片上书面记录。工作结束时，按卡片逐项检查，全部拆除。

（11）向高压设备连接或拆下试验用线时，须在工作负责人的监护下执行。一切未经验电的电气线路设备、试验产品，均应视为有电。未经验电或验明已带电时，严禁触摸或进行检查。

（12）引出线并联电缆试验时，所有未进行耐压试验的电缆头部应有接地线。

（13）在加压试验前，全体工作人员应按分配的专责，转移到安全地带。工作负责人应重新检查高压试验线及遮栏的安全性，确认试验用接地线确实接好，试验接线正确无误，升压调压器在零位，电压表刻度位置正确，被试验回路上确已无人工作后，才能进行加压。

（14）只有经过工作负责人的检查，一切接线无误，准备合闸升压前，试验变压器高压侧地线才可撤下。拆除时应在工作负责人监护下，由加压人或指定的专人进行。

（15）工作负责人在合闸或命令合闸前，应向作业组人员发出"注意准备合闸"的警告，并得到各专职人的回答："可以升压"后，才能命令合闸升压。

（16）安全监护人不得进行操作，不得脱离岗位。警戒（监护）区有人时，不得进行试验。如做电缆试验或试验范围较大时，工作负责人须分别详细交代各专责警戒（监护）人，在确认试验电路上无人工作，另一侧所设遮栏、警示牌均安置妥善和检修运行人员已经联系好后，方可命令合闸升压。被试验设备或电缆两端如不在同一地点，另一端应设有专人看守或加锁。警戒（监护）人从工作负责人交代时起，即应认为设备已带有试验电压。应集中注意力防止任何人碰及带电设备或穿越试验遮栏。

（17）加压人在接到工作负责人合闸升压的命令后，应按下列程序进行检查：

① 电压表，电流表刻度转换开关在合适位置，调压器在零；

② 自己或命令看电流表人投入电源闸，被试设备未接入前，试验接线应进行空升一次（但用成套的电缆试验器试验电缆时可不必空升），便可以进行试验。

（18）在升压过程中发现不正常现象，如设备击穿或发现电压急剧下降，电流急剧上升，自动开关未跳闸，或有人越过遮栏，碰及带电设备等，须及时拉开电源开关，并将调压器返回零位。

（19）在升压过程中，加压人应不断地读出加压数值，升到试验电压时叫"试验电压到"。

（20）计时人听到"试验电压到"的口令时，开始计时。在接近试验终了时，提醒加压人注意"准备返回"。时间到时叫"试验时间到"。

（21）在得到计时人的报告"试验时间到"后，加压人应将调压器返回到零位，并注意返回方向及电压表指示，然后自己或命令看电流表的人拉开电源。为防止调压器返回方向搞错，调压器的操作应用顺手（一般为右手）操作。升压过程中为了防止电压表失灵而过升压，同时应该监视调压器把手指示刻度。

68. 临时用电安全操作规程

① 检修现场的一切电气作业必须由持有特种作业资格证的电工承担。无证人员不得违章作业。

② 临时用电必须按规定敷设线路，选用的电线电缆必须满足用电安全性需要。

③ 检修现场禁止使用裸露导线、花线搭接临时电源，必须采用橡皮电缆。

④ 绝缘导线临时在地面铺设或穿越道路埋设时必须加钢套管保护。

⑤ 电气设备移装或拆除后，不得留有可能带电的线头。

⑥ 现场用电必须实行"一机一闸一保"制，严禁一个开关控制两台以上用电器具。

⑦ 检修现场电气设备及手持电动工具应有可靠的接地及漏电保护措施。

⑧ 现场用闸刀开关，防护盖必须齐全，不得以金属丝代替熔丝。不得带负荷开合闸。

⑨ 防爆场所，严禁用非防爆设备及非防爆电源接插头（座）。

⑩ 电气设备检修时，应先切断电源，并挂上"有人作业，严禁合闸"的警示牌。

⑪ 现场用照明电路必须绝缘良好，布置整齐。照明灯具的高度，室内不低于 2.5m，室外不低于 3m。

⑫ 有限空间作业，必须使用符合安全电压的行灯。

69. 手持电动工具安全操作规程

① 使用刃具的机具，应保持刃磨锋利，完好无损，安装正确，牢固可靠。

② 使用砂轮的机具，应检查砂轮与接盘间的软垫并安装稳固，螺帽不得过紧，凡受潮、变形、裂纹、破碎、磕边缺口或接触过油、碱类的砂轮均不得使用，并不得将受潮的砂轮片自行烘干使用。

③ 在潮湿地区或在金属构架、压力容器、管道等导电良好的场所作业时，必须使用双重绝缘或加强绝缘的电动工具。

④ 非金属壳体的电动机、电器，在存放和使用时不应受压、受潮，并不得接触汽油等溶剂。

⑤ 作业前的检查应符合下列要求：

a. 外壳、手柄不出现裂缝、破损；

b. 电缆软线及插头等完好无损，开关动作正常，保护接零连接正确、牢固可靠；

c. 各部防护罩齐全牢固，电气保护装置可靠。

⑥ 机具启动后，应空载运转，应检查并确认机具联动灵活无阻。作业时，加力应平衡，不得用力过猛。

⑦ 严禁超载使用。作业中应注意声响及温升，发现异常应立即停机检查。作业时间过长，机具温升超过60℃时，应停机，自然冷却后再行作业。

⑧ 作业中，不得用手触摸刃具、模具和砂轮，发现其有磨钝、破损情况时，应立即停机或更换，然后再继续进行作业。

⑨ 机具转动时，不得撒手不管。

⑩ 使用冲击电钻或电锤时，应符合下列要求：

a. 作业时应紧握电钻或电锤手柄，打孔时将钻头抵在工作表面，然后开动，用力适度，避免晃动；转速若急剧下降，应减小用力，防止电机过载，严禁用木杠加压。

b. 钻孔时，应注意避开混凝土中的钢筋。

c. 电钻和电锤为40%断续工作制，不得长时间连续使用。

d. 作业孔径在25mm以上时，应有稳固的作业平台，周围应设护栏。

⑪ 使用瓷片切割机时应符合下列要求：

a. 作业时应防止杂物、泥尘混入电动机内，并应随时观察机壳温度，当机壳温度过高及产生电刷火花时，应立即停止检查处理。

b. 切割过程中用力应均匀适当，推进刀片时不得用力过猛。当发生推进刀卡死故障时，应立即停机，慢慢退出刀片，应在重新对正后方可再切割。

⑫ 使用角向磨光机时应符合下列要求：

a. 砂轮应选用增强纤维树脂型，其安全线速度不得小于80m/s。配用的电缆与插头应具有加强绝缘性能，并不得任意更换。

b. 磨削作业时，应使砂轮与工件面保持15°～30°的倾斜位置；切削作业时，砂轮不得倾斜，并不做横向摆动。

⑬ 使用电剪时应符合下列要求：

a. 作业前应先根据钢板厚度调节刀头间隙量；

b. 作业时不得用力过猛，当遇刀轴往复次数急剧下降时，应立即减小推力。

⑭ 使用射钉枪时应符合下列要求：

a. 严禁用手掌推压钉管和将枪口对准人；

b. 击发时，应将射钉枪垂直压紧在工作面上，当两次扣动扳机均不击发时，应保持原射击位置数秒后，再退出射钉；

c. 在更换零件或断开射钉枪之前，射钉枪内均不得装有射钉。

⑮ 使用拉铆枪时应符合下列要求：

a. 被铆接物体上的铆钉孔应与铆体滑动配合，过盈量不得太大；

b. 铆接时，当铆钉轴未拉断时，可重复扣动扳机，直到拉断为止，不得强行扭断或撬断；

c. 作业中，接铆头子或柄帽若有松动，应立即拧紧。

⑯ 手持电动工具按防触电防护可分为三类：

Ⅰ类工具的防触电保护不仅依靠基本绝缘，而且还有一个附加的安全保护措施，如保护接地，使可触及的导电部分在基本绝缘损坏时不会变为带电体。

Ⅱ类工具的防触电保护不仅依靠基本绝缘，而且还包含附加的安全保护措施（但不提供保护接地或不依赖设备条件），如采用双重绝缘或加强绝缘。其基本形式有：

a. 绝缘材料外壳型，具有坚固的基本上连续的绝缘外壳；

b. 金属外壳型，具有基本连续的金属外壳，全部使用双重绝缘，当应用双重绝缘不行时，便运用加强绝缘；

c. 绝缘材料和金属外壳组合型。

Ⅲ类工具是依靠安全特低电压供电。所谓安全特低电压，是指在相线间及相对地间的电压不超过42V，由安全隔离变压器供电。

70. 施工临时用电安全操作规程

① 现场变配电高压设备不论带电与否，单人值班不准超越遮栏和从事修理工作。

② 在高压带电区域内部分停电工作时，人体与带电部分，应保持安全距

离，并需有人监护：

电压/kV	<6	10~35	44	60~110
距离/m	0.35	0.60	0.90	1.50

③ 变配电室内、外高压部分及线路停电工作时：

a. 切断有关电源，操作手柄应上锁或挂标示牌。

b. 验电时应戴绝缘手套，按电压等级使用验电器，在设备两侧各相或线路各部分别验电。

c. 设备或线路确认无电后，将检修设备或线路做短路接地。

d. 装设接地线，应由两人进行，先接接地端，后接导体端，拆除时顺序相反；拆、接时均应穿戴绝缘防护用品。

e. 接地线应使用截面积不小于 $25mm^2$ 的多股软裸铜线和专用线夹；严禁用缠绕的方法进行接地和短路。

f. 设备或线路检修完毕，应全面检查无误后方可拆除临时短路接地线。

④ 用绝缘棒或传动机构拉合高压开关时应戴绝缘手套；雨天室外操作时，除穿戴绝缘防护用品以外，绝缘棒应有防雨罩，并有人监护；严禁带负荷拉、合开关。

⑤ 电气设备的金属外壳必须接地或接零。同一设备可做接地和接零；同一供电网不允许有的接地，有的接零。

⑥ 电气设备所有熔断器的额定电流应与其负荷容量相适应，禁止用其他金属线代替熔丝。

第四章
危险化学品安全操作规程

本章导读

由于化工生产的复杂性、难控制性，且受运输、环保、安全等问题的困扰，对生产计划的约束较大。化工生产一般来说生产技术成熟，生产过程多数自动化程度比较高，采用大规模生产。化工生产使用的原料和产出的产品通常是液体、气体、粉体等。化工生产的原料和产品固有的危险性、危害性，使化工生产过程中经常发生燃烧、爆炸、中毒、窒息、灼烫、高处坠落、物体打击、机械伤害、触电、车辆伤害等事故，对安全生产造成极大的威胁。

本章介绍与危险化学品生产有关的30个安全操作规程，用以规范工艺操作行为，以此保障危险化学品安全生产。

化工生产岗位安全操作规程是完成本岗位工作任务的具体操作程序和要求，是职工必须遵守的规章。由于各生产企业的产品种类、生产条件、生产场所及工艺流程千差万别，因此本章仅列出岗位安全操作规程的最基本要求。

71. 氧化反应过程安全操作规程

根据原国家安监总局安监总管字〔2009〕116号文颁布的《首批重点监管的危险化工工艺目录》的要求，氧化反应工艺属于重点监管的危险化工工艺，因此，对于氧化反应的操作必须执行如下安全操作规程。

(1) 氧化反应器安全要求

① 氧化反应器设备主要有釜式、管式和塔式等类型。与安全生产关系最密切的是反应器的传热能力，而影响传热效果的主要因素是传热面积、冷却能力和搅拌效果等。因此，必须做到：

a. 保障热量及时移出，冷却剂的种类和流量要适宜，避免冷却系统发生故障；

b. 保证放热氧化反应过程的安全，反应设备应为符合国家标准的压力容器。

② 氧化反应必须设置一系列的安全装置，如：

a. 安全阀等紧急泄压装置；

b. 超温超压报警装置；

c. 含氧量高限报警装置；

d. 进出物料的管道上设阻火器、水封等防火装置；

e. 在设备系统中设置氮气、水蒸气灭火装置；

f. 安全联锁及自动控制装置。

(2) 氧化剂的选择与物料配比安全要求

a. 氧化过程选择空气或氧气作氧化剂时，反应物料的配比（可燃气体与空气或氧气的混合比例）必须严格控制在爆炸范围以外，爆炸浓度极限与反应条件（温度、压力、引燃方式等）有关，与气体混合物的组成也有关，操作者必须高度注意。

b. 空气进入反应器之前，应经过气体净化装置，消除空气中的灰尘、水蒸气、油污以及可使催化剂活性降低或中毒的杂质，以保持催化剂的活性，且减少火灾和爆炸的危险。

(3) 加料温度和反应温度控制

a. 严格控制加料速度和投料量，防止产生剧烈反应和出现副反应。

b. 采用优化方法确定适宜的反应温度。

c. 一般反应温度应控制在 55～85℃，严格控制反应温度，不允许超过被氧化物质的自燃点。

d. 对某些有机物氧化时，特别是在高温条件下，若控制不当更易超温，并造成设备和管道被焦状物堵塞。因此，必须严格控制，及时消除污垢，防止局部过热和自燃。

e. 使用硝酸、高锰酸钾等氧化剂时，严格控制加料速度，防止多加、错加。

f. 固体氧化剂应粉碎后使用，最好以溶液状态使用，反应过程中应不间断搅拌。

g. 使用氧化剂氧化无机物时，如使用氯酸钾作为氧化剂生产颜料时，应控制产品烘干温度不能超过燃点，在烘干之前应用清水洗涤产品，将氧化剂彻底除净，以防未完全反应的氯酸钾引起烘干的物料起火。氧化反应流程见图 4-1。

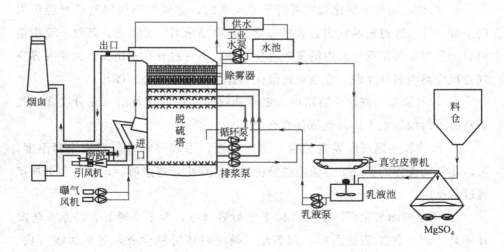

图 4-1　氧化反应流程

72. 加氢还原反应过程安全操作规程

还原反应就是物质（分子、原子或离子）得到电子或电子对偏近的反应。一个完整的化学反应中，还原反应与氧化反应一般是同时存在的，不可能仅有一项。根据原国家安监总局安监总管字［2009］116号文颁布的《首批重点监管的危险化工工艺目录》的要求，氧化还原反应工艺属于重点监管的危险化工工艺，因此，对于氧化还原反应的操作必须执行如下安全操作规程。

① 由于氢的存在，操作过程中要严格控制温度、压力和流量，车间内的电气设备必须符合防爆要求，且不宜在车间顶部敷设电线及安装电线接线箱。

② 厂房通风要好，采用轻质屋顶，设置天窗或风帽，使氢气及时逸出；反应中产生的氢气可用排气导管穿过车间屋顶经阻火器向外排放。

③ 加压反应的设备要设置安全阀，反应中产生压力的设备要装设爆破片（防爆板），还可安装氢气检测和报警装置。

④ 用雷尼镍等来活化氢气进行还原反应时，必须先用氮气置换反应器内的全部空气，经过检测证实含氧量降低到符合要求时，方可通入氢气。反应结束后应先用氮气把反应器内的氢气置换干净，方可打开孔盖出料，以免外界空气与反应器内氢气相混，在雷尼镍催化剂作用下发生燃烧、爆炸。

⑤ 雷尼镍应当储存于酒精中，钯炭回收时要用酒精及清水充分洗涤，抽真空时不得抽得太干，以免氧化着火。

⑥ 保险粉还原剂应妥善储存，防止受潮；用水溶解时，必须控制温度，可以在开动搅拌的情况下将保险粉分批加入冷水中，待溶解后，再与有机物接触进行反应。

⑦ 还原剂硼氢化钾（钠）应储于密封容器中，置于干燥处，防水、防潮并远离火源。在工艺过程中，调节酸、碱度时要特别注意，防止加酸过快、过多。

⑧ 使用氢化锂铝作还原剂时，要特别注意安全。因为这种催化剂危险性很大，遇空气和水都能燃烧，必须在氮气保护下使用，平时浸没于煤油中储存。

⑨ 在选用还原剂和催化剂时，应尽量从生产和安全方面综合考虑，既要效率高，又要安全可靠，采用危险性小、效率高的新型还原剂或催化剂用于生产过程，以免发生燃烧或爆炸事故。

⑩ 对于可能造成氢腐蚀的场合，设备、管道的选材必须符合要求，并应定期进行检测，以确保安全生产。还原反应流程见图 4-2。

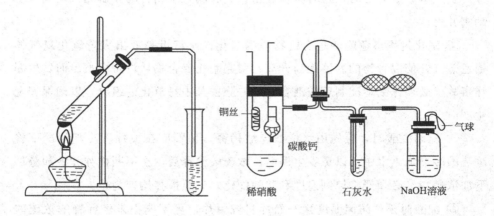

图 4-2　还原反应流程

73. 硝化反应过程安全操作规程

根据原国家安监总局安监总管字［2009］116 号文颁布的《首批重点监管的危险化工工艺目录》的要求，硝化反应工艺属于重点监管的危险化工工艺，因此，对于硝化反应的操作必须执行如下安全操作规程。

① 严格控制硝化反应温度，控制加料速度，硝化剂加料应采用双重阀门控制。要有良好的冷却，并设置备用冷却水源。

② 反应中应连续搅拌，保证物料混合良好，并备有保护性气体（惰性气

体氮），搅拌和人工搅拌的辅助设施。搅拌器应当有自动启动的备用电源，以防止搅拌在突然断电时停止而引发事故。搅拌轴采用硫酸作润滑剂，温度计套管用硫酸作导热剂，不可使用普通机械油或甘油，不可使用油浸填料，搅拌器轴上应有接油小槽，以防止机油或甘油被硝化而形成爆炸性物质。必须安装温度自动调节装置、报警及联锁装置，防止超温发生爆炸事故。

③ 硝化反应器必须设泄爆管，还应附设相应容积的紧急放料槽，准备在万一发生事故或异常时，及时将料放出；放料阀可采用自动控制的气动阀和手动阀并用。

④ 硝化过程最危险的是有机物质的氧化，其特点是放出大量氧化氮气体褐色蒸气并使混合物的温度逐渐升高，引起硝化混合物从设备中喷出而发生爆炸事故。必须仔细地配制反应混合物，并除去其中易氧化的组分，以确保安全生产。

⑤ 配制混酸时，应先用水将浓硫酸稀释，稀释应在搅拌和冷却情况下将浓硫酸缓慢加入水中，以免发生爆溅；浓硫酸稀释后，在不断搅拌和冷却条件下加浓硝酸。必须严格控制温度和酸的配比，直至搅拌均匀为止。

⑥ 配酸时要严防因温度猛升而冲料或爆炸，更不能把未经稀释的浓硫酸与硝酸混合，因为浓硫酸会吸收硝酸中的水分而产生高温，将使硝酸分解产生多种氧化氮（NO_2、NO、N_2O_3），引起突沸冲料或爆炸。

⑦ 由于硝基化合物具有爆炸性，必须特别注意处理此类物质过程中的危险性；对于特别危险的硝化产物（如硝化甘油），则需将其放入装有大量水的事故处理槽中。

⑧ 硝化设备及管道应确保严密不漏，防止硝化物料溅到蒸汽管道等高温表面上引起爆炸或燃烧。

⑨ 生产过程中如管道堵塞时，可用水蒸气加温疏通，千万不能用黑色金属棒敲打或用明火加热。检修时拆除的设备或管道应移至车间外安全的地方。用水蒸气反复冲刷残留物质，经分析合格后，方可进行检修。

⑩ 车间厂房必须设计成防爆泄压厂房，且具有良好通风。电气设备应防爆。必要时硝化反应器应采取隔热措施。低温连续硝化工艺流程见图 4-3。

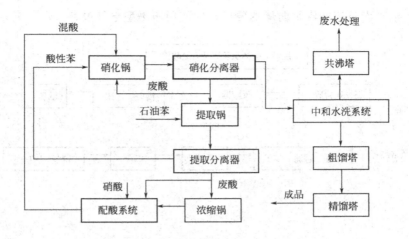

图 4-3　低温连续硝化工艺流程

74. 氯化反应过程安全操作规程

根据原国家安监总局安监总管字［2009］116号文颁布的《首批重点监管的危险化工工艺目录》的要求，氯化反应工艺属于重点监管的危险化工工艺，因此，对于氯化反应的操作必须执行如下安全操作规程。

① 氯化反应操作中，必须严格控制投料配比、进料速度和反应温度。必要时应设置自动比例调节装置和自动联锁控制装置。

② 反应器等设备和管道除了要保证强度和密封之外，还应特别注意防止腐蚀问题。

③ 必须具有良好的冷却系统。对于那些遇水猛烈分解的物料如三氯化磷、三氯氧磷等冷却介质尽量不用水。

④ 对液氯钢瓶加热时，一般用温水而切忌用蒸汽或明火。要有防止物料倒灌至液氯钢瓶的安全措施。

⑤ 氯化反应车间建筑应为防爆泄压结构，并应通风良好和具有完善的消防设施。

⑥ 易燃易爆设备和部位，必须安装可燃气体检测报警设备和有效的灭火

设施。电气设备应能满足防爆的要求，即使用防爆型电气设备。

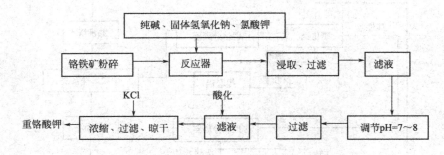

75. 热裂解装置安全操作规程

根据国家安监总局安监总管字［2009］116号文颁布的《首批重点监管的危险化工工艺目录》的要求，热裂解反应工艺（见图4-4）属于重点监管的危险化工工艺，因此，对于热裂解反应的操作必须执行如下安全操作规程。

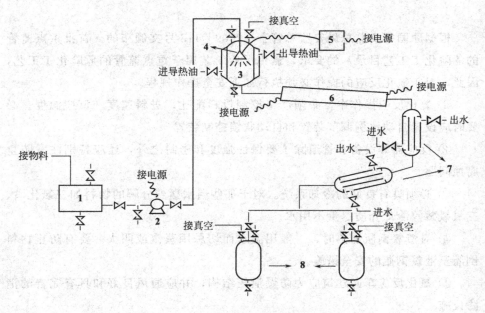

图 4-4　热裂解工艺流程

(1) 开工前的大检查

① 检查开工所用工具是否齐备。

② 检查消防器材是否摆放到位。

③ 检查点火所需煤、柴、油等原料是否备齐。

(2) 原料油卸车

① 卸车前

a. 班组长要加强安全教育，使每位员工要注意自身的安全和他人的安全。

b. 检查储油罐可存储量。

c. 检查抽油泵是否达到工作状态，电气线路是否完好。

d. 检查相关阀门打开或者关闭是否正确。

② 卸油时

a. 卸油的过程中，每位卸油工要时刻注意观察油品质量，发现问题及时停止卸油并记录，记清楚油的具体情况，并及时向主管汇报工作。

b. 要及时开泵抽油至储油罐。

③ 卸油后

a. 及时关停抽油泵，关闭相关阀门。

b. 及时将空桶清理出现场，运到指定的安全地带。

c. 及时清理漏油区的油焦、垃圾、水等杂物。

d. 班组长要认真填写工作记录。

(3) 热裂解釜加注原料油

① 热裂解釜加注原料油前

a. 操作工要检查抽油泵是否能正常工作，相关阀门是否开、关到位。

b. 班组长要检查釜内是否清理干净，是否有遗留的工具、杂物。

② 热裂解釜加注原料油时

a. 操作工要不断查看抽油泵是否工作正常，相关阀门是否开、关到位。管道是否有跑、冒、滴、漏现象。

b. 操作工要时刻查看釜内油面是否达到尺、杆标准，不得超量装油。

③ 热裂解釜加注原料油后

a. 操作工要及时关停抽油泵，关闭相关阀门。

b. 班组长要检查釜内油面标准。

④ 封闭釜口时，操作工要认真负责，一丝不苟，要将垫片垫平整，紧螺栓时要对角紧，不能将垫片压扁。

⑤ 班组长要认真填写好工作记录。

(4) 热裂解炉点火运行

① 热裂解炉点火前

a. 司炉工要认真检查炉膛、火道是否完好，烟囱调节是否打开。

b. 检查炉口不凝气阀是否关闭。

c. 检查炉子对应的出水阀是否打开，出油阀是否关闭。

d. 检查循环水面是否到位。

e. 检查安全阀是否完好。

f. 主操和当班操作工认真填写工作记录。

② 热裂解炉点火后

a. 当班操作工认真记录温度等内容，交班时，与下一班操作工共同记录。

b. 炉火烧旺后，打开不凝气阀，严禁憋压。

c. 当班操作工除掌握好火的温度外，要不断查看压力表、安全阀、水温和出油的情况。

d. 当班操作工要做好热裂解炉油的水-油阀门的转换工作，并做好后期油的油-红油阀门的转换，确保油品质量。

e. 主操要每天检查工作记录。

③ 热裂解炉的停火

a. 热裂解炉停火后，待温度下降至160℃以下时，水-油转换阀门要全部关闭，同时打开阀盖加注原料油，或者注水并风冷。

b. 待釜内冷却后要及时清理焦化渣。

c. 清理焦化渣前班组长要做好安全检查和安全教育工作。

d. 班组长要认真填写工作记录。

(5) 油品加工入库

① 油品加工前，要检查各台油泵及设备是否正常工作，相关阀门是否正常开启。

② 经常检查管道、阀门，认真操作，杜绝跑、冒、滴、漏现象。

③ 要及时抽油、排水。

④ 要认真加工好每一罐油，确保油品质量。

⑤ 认真做好油品计量工作，并填写工作记录。

(6) 清理储油罐等工作

① 清理前班组长要进行班组的安全教育。

② 清理人员不得少于 3 人。

③ 罐内清理要进行安全监护，并进行安全分析。

④ 所有清理过的油罐必须通风，并进行空气检测。

⑤ 班组长要认真填写工作记录。

(7) 成品油出库

① 出库前操作人员要检查油泵是否工作正常，相关阀门是否关闭正确。

② 拉油的车辆必须安全接地。

③ 给车辆装油时，操作工不得离开现场。

④ 装车完毕要及时关闭油泵，关闭阀门。

⑤ 记录车辆信息和装油量。

76. 典型聚合反应过程安全操作规程

根据原国家安监总局安监总管字 [2009] 116 号文颁布的《首批重点监管的危险化工工艺目录》的要求，聚合反应工艺属于重点监管的危险化工工艺，因此，对于聚合反应的操作必须执行如下安全操作规程。

(1) 乙烯高压聚合

① 反应压力高、速度快、易分解。乙烯高压聚合反应一般都在 130～300MPa 下进行，反应过程流体的流速很快，停留在聚合装置中的时间仅为 10s 到几分钟，温度保持在 150～300℃，在该温度和高压下，乙烯是不稳定的，能分解成炭、甲烷、氢气等，一旦发生裂解，产生的热量可使裂解过程进一步加速直至爆炸。因此，安全操作的要点是控制压力、温度和流速。

② 原料、单体、催化剂等均是易燃易爆物体。采用轻柴油裂解制取高纯度乙烯装置，产品从氢气、甲烷、乙烯到裂解汽油、渣油等，都是可燃性气体

或液体，炉区的最高温度可达1000℃，而分离冷冻系统温度低到-169℃，反应过程以有机过氧化物为催化剂，采用750L大型釜式反应器，乙烯属于高压液化气体，爆炸范围较宽，操作又是在高压下进行，火灾危险性很大，防火安全措施如下：

a. 防止发生暴聚反应。高压乙烯的聚合反应在开始阶段或聚合反应进行阶段都会发生暴聚反应，所以在设计时必须充分考虑添加反应抑制剂或加装安全阀，以防止暴聚的发生。

b. 防止管路堵塞。采用管式聚合装置时，反应后的聚乙烯产物易粘挂在管壁上发生堵塞，堵塞易引起管内温度与压力变化，甚至因局部过热引起乙烯裂解，成为爆炸事故的诱因。因此，采用防粘剂的方法或在设计聚合管时设法在管内周期性地赋予流体脉冲。脉冲在管内传递时，能使物料流速突然增加，因而将壁上的粘壁物冲去。

c. 设置严密的自动控制系统。当温度超过界限时，反馈系统逐渐降低压力及各点温度，用来调节管式聚合装置的压力和温度，亦可采用振动器使聚合装置内的压力按一定周期有意地加以变动，其作用可使装置内的压力很快下降7～10MPa，然后再逐渐恢复原来的压力。这样，可使流体产生脉冲，将黏附在管壁上的聚乙烯除掉，使管壁保持洁净。

d. 消除反应热。由于乙烯的聚合反应热较大，如果加大聚合反应器，单靠夹套冷却或在器内加蛇管，容易引起聚合黏附而发生故障。消除反应热较好的办法是采用单体或溶剂汽化回流，利用蒸发潜热把反应热量带出，蒸发了的气体经冷凝器或压缩机进行冷却，冷凝后返回聚合釜再用。

(2) 乙烯低压聚合

a. 原料和催化剂要禁氢、禁水和防潮湿。生产过程必须在有机铝化合物及其衍生物不与空气或潮气接触的条件下进行。设备和管道在投入运转前要用含氧量不超过0.1%（体积分数）的氮气吹洗。溶剂应充分除去水分。离心器、洗涤器、悬浮液接收槽及储存含有机溶剂的聚乙烯储槽等设备要用氮气保护。在一级离心机中应供应新鲜氮气，而在其他设备中可供应系统中循环的氮气。

b. 聚合过程要保证正确操作。为了保证乙烯聚合过程的安全，必须稳定供给催化剂，保证原材料的质量，保持规定的温度、压力。当聚合过程达到危险温度时，迅速抑制聚合过程，降低反应器中的压力，减少或完全停止向反应器提供乙烯。

  c. 情况特殊时，应有步骤地将乙烯从反应器中排出；如果危险不太严重则停供催化剂，并迅速向反应器提供有机溶剂（例如苯）以稀释反应器中的物料，这样就可将在进行的不正常聚合过程抑制住。

  d. 如遇突然停电，在反应器中必须停供催化剂和乙烯，冷却器中停供冷却水，停止蒸汽—气体混合物循环，并在反应器中充以氮气保护。

  e. 为了抑制因温度上升而引发的激烈聚合反应，还应当建立自动抑制反应的紧急系统。该系统应有独立而绝对可靠的电源和控制计量仪表用的空气。

  f. 反应设备应防止被聚合物挂壁和堵塞，应从多方面采取措施。首先推荐使用大直径反应器；其次要采取高效的催化剂体系，以减少设备堵塞的危险，延长反应器和蒸汽-气体混合物的循环系统的清理间隔时间，减少乙烯在循环设备中聚合的可能性。

  g. 注意从反应器排出的蒸汽-气体混合物的最大流速，必须根据设备的直径和排出管道的流通截面，严格规定直接加入和返回的乙烯量。

  h. 设置防火自动化控制系统。由于工艺设备中存在着易燃易爆介质，所以要采用氮气将这些介质与氧气和水隔绝，这时要防止保护用的氮气出现氧和水蒸气含量超标，并且保证设备的充氮、事故预防、惰性气体吹洗等系统都十分有效。

  i. 聚合装置应设在室外。一般来说，乙烯低压聚合车间需要存放 120t 以上的易燃液体，当存在自燃化合物时，就会形成着火和爆炸危险。为了提高生产工艺的安全性，应将大部分设备设在室外，并应设有事故备用容器，使悬浮气体从设备中排入，以防事故时可燃悬浮气体到处流淌，造成火灾蔓延。

  j. 防止静电积聚。在低压乙烯聚合生产中导除静电是非常困难的，因在装置的管道壁上常附有一层不易导电的聚合物表皮，而且许多设备和管道还涂有不导电的防腐层。因此，必须要有导除静电的可靠安全措施。

  (3) 丁二烯聚合反应

  a. 丁二烯聚合过程中接触和使用酒精、丁二烯、金属钠等危险物质。酒精和丁二烯与空气混合均能形成有爆炸危险的混合物；金属钠遇水和空气能激烈燃烧引起爆炸，因此不能暴露于空气中。

  b. 丁二烯聚合反应必须控制压力升高，以防引起爆炸的危险。在蒸发器上应备有联锁开关，当输送物料的阀门关闭时（此时可能引起管道爆炸），该联锁装置可将蒸汽输入切断。为控制猛烈反应，应有适当的冷却系统，必须严格地控制反应温度。冷却系统应保持密封良好，特别在使用金属钠的聚合反应中，最好使用不与金属钠反应的十氢化萘作为冷却剂。如用冷水作冷却剂，应在微负压下输送，不可用压力输送，减少水进入聚合釜的机会，避免可能发生的爆炸危险。

c. 丁二烯聚合釜上必须装安全阀，同时安装爆破片。爆破片应安装在连接管上，在其后再连接一个安全阀。这样既可防止安全阀堵塞，又能防止爆破时大量可燃气体逸出而引起二次爆炸。

d. 丁二烯聚合生产系统应配有氮气保护系统，所用氮气经过精制，用铜屑除氧，用硅胶或二氯化铝干燥，纯度保持在99.5%以上。无论在开始操作或操作完毕打开设备前，都应用氮气置换整个系统。

e. 正常情况下，操作完毕后，从系统内抽出气体是安全生产的一项重要措施，可消除或减小爆炸的可能性。当工艺过程被破坏，发生事故不能降低温度或发现局部过热现象时，则将气体抽出，同时往设备中送入氮气。

f. 管道内存积热聚物是很危险的，当管道内气体的阻力增大时，应将气体抽出，并用惰性气体吹洗，在每次加新料之前必须清理设备的内壁。

77. 催化反应过程安全操作规程

在某些难以发生化学反应的体系中，加入有助于反应分子化学键重排的第三种物质（催化剂）其作用可降低反应的活化能，因而能加速化学反应和控制产物的选择性及立体规整性。根据催化反应的特点和催化剂的作用，编制催化反应安全操作规程是必要的。因此，在进行催化反应的操作中，要执行如下催化反应安全操作规程。

(1) 催化重整

a. 主要反应有脱氢、加氢、芳香化、异构化、脱烷基化和重烷基化等。催化剂在装卸时，要防止破碎和污染，未再生的含碳催化剂卸出时，要预防超温自燃损坏。

b. 加热炉的安全稳定是非常重要的。反应过程中的物料预热或塔底加热器、重沸器的热源，依靠热载体加热炉，热载体在使用过程中要防止局部过热分解，防止进水或进入其他低沸点液体造成水汽化超压爆炸。

c. 加热生产必须保证燃烧正常，调节及时，为了稳定炉温，保证整个装置的安全生产，加热炉必须采取温度自动调节系统。

d. 石化铂重整装置预加氢冷却系统腐蚀较为严重，生产中频繁发生穿孔泄漏，导致装置频繁停工抢修，直接威胁着生产和安全，主要原因是原油在开采过程中加入助剂，有机氯离子含量高所致。因此，必须装设安全报警装置，对重要工艺参数，如温度、压力、流量、液位等都要监控。

e. 重整循环氢和重整进料量，对催化剂有很大影响，特别是低氢量和低空速运转，是催化剂结焦的主要原因。除应设置报警装置外，还应备有自动保护系统。当参数变化超出正常范围，发生不利于装置安全运行的危险状况时，自动仪表可自行做出工艺处理，如停止送料或使加热炉灭火等，以保证装置的安全生产。

(2) 催化加氢

a. 在催化加氢过程中，压缩工段的安全极为重要。氢气在高压下，爆炸范围加宽，燃点降低，从而增加了危险程度。压缩机各段都必须装压力表和安全阀。在最后一段上安装两个安全阀和两个压力表，更为安全可靠。

b. 高压设备和管道的选材要考虑防止氢腐蚀问题。管材必须选用优质无缝钢管，设备和管线按照国家颁发的《压力容器安全技术监察规程》的规定，定期进行检验。

c. 为避免吸入空气而形成爆炸危险，供气总管压力必须保持稳定在规定的数值。为防止高压致使设备损坏、氢气泄漏达到爆炸浓度而引发爆炸事故，应备有充足的备用蒸汽或惰性气体，以便应急。

d. 室内通风必须良好，因氢气相对密度较小，宜采用天窗排气。

e. 设备上的压力表及玻璃液位指示仪爆炸时碎片会伤人，必须在这些部位包以金属网。液面测量仪表应定期进行水压试验。

f. 冷却水不得含有腐蚀性物质，在开车或检修设备、管线之前，必须用氮气吹扫，吹扫气体应当排至室外，以防窒息或中毒。

g. 由于停电或无水而停车的系统，应保持余压，以免空气进入系统。无论在何种情况下，具有压力的设备均不得进行拆卸检修。

78. 熔融单元安全操作规程

根据冶金标准《熔融钢渣热闷操作技术规范》(YB/T 4482—2015) 的要求，和化工熔融的技术特点，编制此安全操作规程。在进行熔融单元作业时，应遵守如下安全操作规程。

① 加热方式和温度控制。在熔融过程中加热方式的选择和温度控制是防火防爆的重点。

② 一般在使用直接明火加热时，尽量将火焰避开熔融物质，根据熔融物料的性质选择合适的加热方式。

③ 加热温度要控制在被熔融物料的自燃点以下，以免温度快速升高达到自燃点而起火。

④ 进行熔融操作时，设备内物料不能装得太少，但也不能装得太多。物料太少温度不易控制，容易结焦而起火；物料过多，特别是含水分或杂质时，一旦沸腾外溢会造成危险。一般盛装物料不超过设备容量的 2/3，并在熔融设备的台子上设置防溢装置，避免溢出物料与明火接触。

⑤ 如需对某种熔融物料进行稀释，必须在安全温度以下进行。如用煤油稀释沥青时，必须在煤油的自燃点以下进行，以免发生着火事故。

⑥ 必须确保熔融设备的安全，应定期对设备进行检查、维护、保养。

⑦ 在熔融设备上应安装必要的安全设施及附件。如采用高压蒸汽的熔

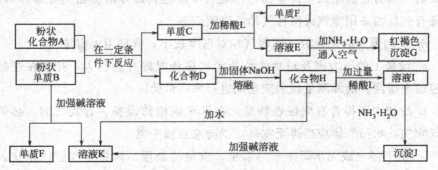

图 4-5 某些金属氧化物与烧碱熔融流程

融设备，应安装压力表和安全阀等安全附件。某些金属氧化物与烧碱熔融流程见图 4-5。

79. 干燥单元安全操作规程

干燥是指在化学工业中，常指借热能使物料中水分（或溶剂）汽化，并由惰性气体带走所生成的蒸气的过程。例如干燥固体时，水分（或溶剂）从固体内部扩散到表面再从固体表面气化。干燥可分为自然干燥和人工干燥两种。结合干燥的特点为确保安全生产，在操作过程中必须执行如下安全操作规程。

① 热敏性、易氧化的物料应选择减压（真空）干燥方法，易燃、易爆物料也应选择减压干燥方法。

② 干燥介质不应选用空气或烟道气，而应采用氮气或其他惰性气体。

③ 控制超温超时是保障安全生产的重要措施。对用明火进行加热的干燥要控制火焰强度和加热时间。

④ 蒸汽加热要控制蒸汽压力；电加热要控制加热温度，及时切断电源。

⑤ 对热敏感及易燃易爆的物料干燥时，要严格控制加热温度及时间；在干燥系统中应设置超温超时报警和自动调节控制装置。

⑥ 在进行间歇式干燥时，特别是在厢式或滚筒式干燥器内，要防止积料、结垢、结焦，应经常清扫，以免受热时间过久而发生分解和自燃。

⑦ 避免产生静电，应在设备及管道上设置静电接地装置，防止静电积聚。

⑧ 严格控制干燥气流的速度，控制和消除各种点火源。

⑨ 对于滚筒干燥应适当调整刮刀与筒壁间隙，采用有色金属制造刮刀，并将刮刀安装牢固。

⑩ 对于电加热干燥装置要保持绝缘性能良好，防止出现短路打火，以防粉尘遇明火发生爆炸事故。

⑪ 处于正压操作下的干燥，密封良好可以防止可燃气体及粉尘泄漏至作业环境中。

⑫ 处于负压操作下的干燥，可以避免空气被吸入而发生危险。

⑬ 对于易燃易爆的物料的真空干燥，在消除真空时，一定要使温度降低后方可使空气进入，否则可能引起干燥物料自燃乃至爆炸。物体干燥流程见图4-6。

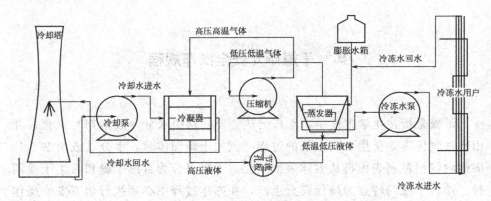

图4-6　物体干燥流程图

80. 蒸馏单元安全操作规程

化工蒸馏是指根据液体混合物各组分挥发度的不同，使其分离为纯组分的操作，用来产品的提纯。蒸馏过程的风险主要有：有机溶剂具有爆炸性；物质的急剧升温、浓缩、甚至变稠、结焦、固化、运行困难等，易引发火灾、爆炸事故等。因此，在操作中要遵守如下安全操作规程。

① 正确地选择蒸馏方法及设备，根据物料的性质、分离要求正确选择蒸馏方法是保证安全运行的前提。

② 对于难挥发的物料，即常压下沸点为150℃以上的物料及高温易分解、聚合或热敏性的物料，应采取减压蒸馏。如硝基甲苯在高温下易分解爆炸，因此在提纯分离时采用减压分离方法。

③ 对于常压下沸点为100℃左右的中等挥发性物料或低沸点含杂质的溶剂精制，宜采用常压蒸馏方法。

④ 对于常压下沸点低于30℃的物料，应采取加压蒸馏，但应注意设备密闭。低沸点的溶剂也可采用常压蒸馏，但应设一套冷却系统，否则不适宜。

⑤ 对于不能采用以上几种蒸馏方法进行分离的物料，可采用特殊蒸馏方法。

⑥ 对于易燃、可燃液体蒸馏，不宜采用明火和电热作热源，应利用水蒸气、过热水或油浴等方法加热。

⑦ 对于腐蚀性物料应合理选择设备材质。

⑧ 在常压蒸馏中注意系统的密闭，防止易燃液体或蒸气泄漏遇空气而着火；对于高温蒸馏系统，应防止冷却系统突然漏入塔内，以免水迅速汽化导致塔内压力突然增高而将物料冲出或发生爆炸，故开车前应将塔内和蒸馏管道内的冷却水放尽后使用。

⑨ 用直接明火加热蒸馏高沸点物料（如苯二甲酸酐）时，应防止产生自燃点很低的树脂状物遇空气而自燃。同时，应防止蒸干使残渣酯化后结垢，引起局部过热而着火、爆炸，油渣和残渣应经常清除。

⑩ 冷却器中的冷却水或冷却盐水不能中断，否则，未冷凝的易燃蒸气逸出会使后部系统温度增高，或窜出遇明火而引起着火。

⑪ 减压蒸馏亦应保持设备密封性，如果吸入空气，某些易燃物料有着火或爆炸的危险。真空泵应安装单向阀，以防止突然停泵造成空气窜入设备内。

⑫ 对减压蒸馏的操作，应严格操作顺序，先打开真空阀门，然后开冷却器阀门，最后打开蒸汽阀门，否则物料会被吸入真空泵，并引起冲料，使设备受压甚至爆炸。减压蒸馏易燃物料时，其排气管应通至厂房外管道上，并应安装阻火器。当蒸馏完毕时，应将蒸馏锅冷却，并充入氮气后，再停止真空泵运转，以防空气进入热的蒸馏锅引起着火或爆炸。

⑬ 在加压蒸馏中，因内部压力较大，气体或蒸汽极易从装置的不严密处泄漏。因此，对设备应进行气密性和耐压试验检查，并安装安全阀和温度、压力调节装置，严格控制蒸馏温度与压力。在石油产品的蒸馏中，应将安全阀的排气管与火炬系统连接，安全阀起跳时即可将物料排入火炬烧掉。

⑭ 在蒸馏易燃液体时，应注意消除系统静电，特别是苯、丙酮、汽油等不易导电液体的蒸馏，更应将蒸馏设备、管道良好接地。室外安设的蒸馏塔应安装可靠的避雷装置。蒸馏设备应注意经常检查、维修，认真做好停车后、开车前的系统清洗、置换，避免发生事故。

⑮ 对易燃易爆物料的蒸馏，其厂房应符合防火防爆要求，并有足够的泄压面积，室内电机、照明等电气设备，应符合场所的防爆要求。

81. 冷冻单元安全操作规程

冷冻的制冷过程是：从低压系统来的低温低压蒸气经过吸气过滤器后进入压缩机，被压缩成高温高压气体后进入油分离器，在有分离器内经过分离后排除，高温高压气体进入冷凝器被冷凝成液体，经过干燥过滤器、膨胀阀后被节流为低压气液混合物，低压混合物进入蒸发器蒸发吸收热量达到制冷目的，从蒸发器出来的低温低压蒸气进入压缩机，以此循环。要做到制冷过程安全平稳，须遵守如下安全操作规程。

① 在冷冻过程中所采用的制冷剂种类较多，但多数具有易燃易爆危险。常见的制冷剂有氨、氟利昂，石油工业常用乙烯、丙烯等石油裂解产品。其中，氨、乙烯、丙烯属可燃气体，它们不仅易燃易爆，而且具有一定的毒害性。它们的沸点较低，极易蒸发，其蒸气与空气混合达到爆炸极限，遇明火会发生爆炸。若蒸气被人吸入会引起中毒。乙烯和丙烯的毒害性主要是对人神经的麻醉作用，丙烯的毒性是乙烯的2倍。因此，操作过程中的防火、防爆、防毒是安全工作的重点。

② 制冷剂和被冷冻的物料有的导电性很差，在输送、流动过程中能产生静电，如果导除不良，就会造成静电荷积聚而产生静电放电火花。当乙烯、丙烯和氨气等气体从泄漏口高速喷出时，也有可能产生静电放电。此外，各种电气设备如接触不良、绝缘破坏或发生其他故障，也有产生电火花的危险性。因此，在冷冻操作单元，防静电和电火花是一个重要的安全管理环节。

③ 由于冷冻操作是在高压和低温的条件下进行的，所以设备系统极易遭受破坏而发生泄漏。泄漏的部位主要是法兰、阀门的密封处，管线和设备的接口处，以及罐体破裂、泵损坏等破裂处等，这些部位是操作者安全检查、巡检的重点。

④ 防止出现泄漏的根本方法是合理地按照设备操作条件选择设备材料，设备材料应具有耐高压、抗低温和耐腐蚀的性能。同时要定期进行强度试验和气密性试验，并做好日常检查与维护。发现跑、冒、滴、漏要及时检修，尤其

对容器发生泄漏的部位的操作,要作为安全管理的重点。容易发生泄漏的冷冻机操作间等场所,宜设置可燃气体检测报警装置,并要求通风良好。

⑤ 冷冻的主要运转设备是压缩机,以氨压缩机为例,使用时应注意以下几点:

a. 应选用防爆型,避免产生电火花。

b. 在压缩机出口方向,应在汽缸与排气阀之间设一个能使氨通到吸入管的安全装置,可有效预防压力升高。为避免管路爆炸,在旁通管不设任何阻气装置。

c. 压缩机要采用低温不冻结且不能与氨发生化学反应的润滑油,并将易污染空气的油分离器放置在室外。

d. 对于制冷系统的压缩机、冷凝器、蒸发器以及管路,重点注意其耐压程度和气密性,防止设备和管路产生裂纹、泄漏,加强安全附件(如压力表、安全阀等)的检查和维护。

e. 盛装冷料的设备及容器,应注意选择耐低温材质,避免低温脆裂现象发生。当制冷系统发生事故或停电而紧急停车时,应对被冷却物料进行排空处理。

⑥ 严格控制超压。制冷和分离大多数是在低温下进行的,在这样的低温条件下,如果物料气中含有水分或设备系统内残留水分,就会冻结堵塞管线,造成增压所致的爆炸事故。操作不当也有造成超压爆炸的危险,尤其是压缩系统和管线更容易发生爆炸事故。操作中应把压力、温度作为控制的重点,严格按工艺操作规程进行控制。

⑦ 裂解气分离要预先干燥后再送分离塔。检修后要彻底排净分离系统内的水及其他液体。在生产过程中,如果发现设备系统有冻结堵塞时,可用甲醇解冻疏通,严重时应停车处理冻结。绝对禁止用喷灯等明火作热源烘烤,可考虑以水蒸气、热水等加热介质在管线外加热熔融疏通。在设计上,应考虑在容易发生冻结堵塞部位加设旁通管,以防冻结堵塞超压爆炸。

⑧ 压缩机的出口管线、深冷分离的分离塔等压力设备上,均应配备安全阀等安全泄压装置,紧急放空管线。低压系统和高压系统之间应设止逆阀,防止高压物料窜入低压系统发生超压爆炸。

⑨ 厂房建筑宜为隔离的防爆泄压结构,压缩机房内应设置卤代烷、二氧化碳等固定灭火设施。裂解气深冷的生产装置区应设置固定的氮气保护装置和灭火蒸汽管线,以及高压消防供水管网及消防水炮等灭火设施。

82. 筛分、过滤单元安全操作规程

(1) 筛分

a. 防止粉尘爆炸危险。由于筛分是把不同级别的固体颗粒进行分离的过程，因此定会造成粉尘飞扬，如若固体具有可燃性，粉尘漂浮于空气中，极易形成爆炸性混合物引起粉尘爆炸，所以，防止粉尘爆炸是筛分安全操作的首要任务。

b. 防止产生静电及电气火花。在筛分过程中，由于筛子不断运动，固体物料间及筛子与物料间都会产生摩擦或撞击，因此易产生静电电荷，若大量聚集得不到消除，就存在产生静电火花的危险。因此，防止产生静电及电气火花也是筛分操作安全工作的重点。

c. 必须采用密闭和通风设施。为了防止大量的粉尘飞扬至空中，应采用密闭的方式，即对设备和管线产生粉尘多的部位进行密闭；另外，应在工作场所设置通风除尘系统，及时消除粉尘，保护员工的安全与健康和作业环境的安全。

d. 防止设备故障。筛分设备主要进行机械性运动，为了防止筛孔被黏物堵塞或损坏，应经常进行检查；对运动部件定期润滑，防止磨损发热。应选用防爆型电气设备，经常对电气设备进行检查维护。筛分设备要接静电保护装置，避免静电和电气设备产生火花，确保筛分作业的安全生产。

(2) 过滤

a. 选择合适的过滤设备。根据滤浆的过滤特性及理化性质，以及生产规模等因素来选型。一般对黏度大的滤浆，因其过滤阻力大，宜采用加压过滤设备；滤浆温度高、蒸气压也高，也宜采用加压过滤设备。而对易燃易爆和有毒的物料，应采用密封式加压过滤设备。火灾爆炸危险性大的物料过滤时，宜采用转鼓式、带式等过滤设备。

b. 采用可行的防静电措施。对具有易燃易爆危险的过滤场所，必须选用防爆型电气设备，经常维护检查；过滤设备应有可靠的接地，以免产生静电。

c. 全面规范操作工的行为。操作中要严格防止超温、超负荷运转，不允许高速启动；离心机应设限速装置，避免超速，以防因摩擦、撞击发热而产生火花。

d. 搞好仪表联锁及通风。必须设置可燃气体检测和报警装置，必须设置有效的通风设施。

83. 气体物料输送单元安全操作规程

气体输送在化工生产中是最基本的操作，其危险性是较大的。根据气体输送的参数、气体性质、规模大小等条件，制定输送方案，确保气体输送安全运行，必须严格执行如下安全操作规程。

① 输送可燃气体宜采用液环泵。因液环泵密封性能好，输送可燃气体时可起到水封的作用，因此，运行比较安全。通常在抽送或压送可燃气体时，进气入口应保持一定余压，以免造成负压吸入空气而形成爆炸性混合物。

② 确保各类密封可靠，防止泄漏，这是气体物料输送的安全工作重点。

③ 为避免压缩机汽缸、储气罐以及输送管路因压力增高而引起爆炸，要求这些部分要有足够的强度。安装时要经过检验，要有准确可靠的压力表和安全阀以及防爆片等安全附件。安全阀泄压时应将其危险气体引导至安全的地点。还可安装压力超高报警器、自动调节装置或压力超高自动停车装置。

④ 压缩机在运行中不能中断润滑油和冷却水,以免温度升高。注意冷却水不能进入汽缸,以防发生水锤。氧气压缩机严禁与油类接触,其润滑油一般采用水型乳化液或添加8%～10%(质量分数)甘油的蒸馏水,其水含量应以汽缸壁充分润滑而不产生水锤为准(80～100滴/min)。气体抽送、压缩设备上的垫圈易损坏漏气,应注意经常检查,及时修换。

⑤ 压送特殊气体的压缩机,应根据所压气体物料的化学性质,采取相应的防火措施,如乙炔压缩机同乙炔接触的部件不允许用铜制的,以防止产生具有爆炸危险的乙炔铜等。

⑥ 可燃气体的输送管道应经常保持正压,并根据实际需要安装单向阀、水封和阻火器等安全装置,管内流速不宜过高。管道应有良好接地,以防静电积聚、放电引起火灾。

⑦ 当用真空泵输送可燃气体物料时,真空泵的排气管应由弯型改为平坡型。排气烟道勿用砖石垒砌,应用钢板类光滑、内阻力较小的材料,且使通风烟道增加通风面积,以预防可燃尾气在烟道集存,造成尾气起火或爆炸。对处于高温、高压条件下的气态物料,要加强净化除尘和滤油措施,严格工艺操作制度,严禁超温、超压作业。

⑧ 可燃气体和易燃蒸气的抽送、压缩设备,应为符合防爆等级要求的电气设备;否则应隔离设置。

⑨ 当输送可燃气体的管道着火时,应当及时采取灭火措施。管径在150mm以下的管道,一般可直接关闭阀门熄火;管径在150mm以上的管道着火时,不可直接关闭阀门熄火,应当采取逐渐降低气体压力,并通入大量水蒸气或氮气灭火的措施,但气体压力不得低于50～100Pa。严禁突然关闭阀门或水封,以防回火爆炸。当着火管道被烧红时,不得用水骤然冷却。

84. 化工工艺异常处理安全操作规程

① 停电。正在反应的物料要加大制冷剂通入量，并进行人工搅拌，防止局部暴聚；临近反应终点的物料可视情况提前卸料，并适当多加入终止剂；关闭有关阀门，防止物料互串；尾气放空，防止系统憋压。

② 停水。及时加大其制冷剂的用量，以防止反应釜超温；防止段间及出口用水冷却的压缩机超温超压；防止水冷却的蒸馏（精馏）系统气相冲塔。

③ 停氮气。停止压送料及吹扫置换等操作，及时断开氮气接头，防止因氮气无压而使易燃、易爆及有毒、有害物料反窜入氮气管网中。

④ 停工艺空气。停止设备空气置换作业，停止用工艺空气强制通风作业的容器内检修作业，防止停止工艺空气后容器内出现缺氧窒息。

⑤ 停仪表空气。立即切换，进行现场手动操作，防止因停止仪表空气使

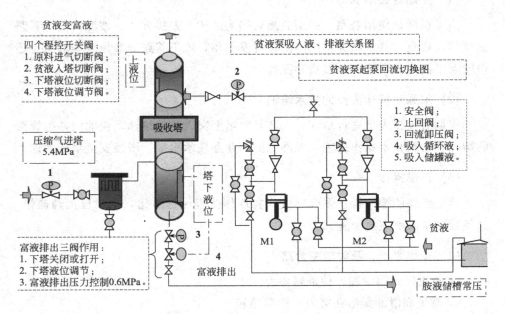

图 4-7　吸收塔异常处理流程图

控制仪表失灵而发生超温超压等工艺失控现象。

⑥ 停蒸汽。立即采取措施，防止冬季蒸汽保温设备管线等出现冻结；防止蒸汽供热熔化或溶解操作单元的降温而使物料凝固结块；防止粉末干燥系统的湿料结块。

⑦ 停燃料气。立即关闭燃料气阀门，注意防止燃料气复送后造成火灾或回火。

⑧ 事故状态的处理。此时操作人员要沉着冷静，果断地按应急预案进行事故处理，防止事态扩大。吸收塔异常处理流程见图4-7。

85. 输油管路安全操作规程

根据国家标准《输油管道工程设计规范》（GB 50253）等的要求，制定输油管理安全操作规程，在输油过程中要严格执行此安全操作规程，保障输油的安全。

(1) 熟悉管路情况

为了正确地使用管路，必须熟悉管路的结构、连接方式、坡度方向；管路的规格、质量、技术状况；阀门的位置及作用；地下管路分布位置等情况。还应绘制平面流程示意图，以指导操作。

(2) 加强对操作人员的技术培训

定期对操作人员进行培训，尤其是对新上岗人员的培训，使他们熟悉管路的情况和安全技术操作规程，提高他们的业务技术水平，增强安全生产意识。

(3) 正确操作

建立必要的操作检查复核制度，实现作业程序标准化，按规程正确操作，这是预防事故的主要措施。

(4) 操作完毕，及时放空管路

a. 防止因阀门渗漏，使油料串混。

b. 避免润滑油凝结在管内，影响输转。

c. 保证管路安全。若管路中存油，当温度升高时，油料的膨胀大于管路金属的膨胀，使内压力升高，引起管路及法兰连接处等渗漏，闸阀开启困难，甚至管路胀裂。

(5) 检查与维护

① 管线。每月应对管线外表面进行至少一次全面检查，内容有：

a. 管线连接部位（如法兰、焊缝等）有无裂缝、渗漏；

b. 管线、管件的密封处（动、静）有无渗漏；

c. 管线支座及管线本身有无异常振动和变形；

d. 管线上各种仪器、仪表指示值是否正常；

e. 检查管线法兰连接处螺帽是否紧固，安装是否符合要求，螺栓是否垫上垫片；

f. 检查管线有无脱漆锈蚀情况，发现脱漆处，应及时除锈涂漆；

g. 检查管线周围是否清洁，如有油迹、积水、杂草等易燃物，应及时清除，并分析管线周围油迹的来源，是否是由于管线渗漏引起；

h. 检查静电接地装置是否牢靠，有无锈蚀现象，接地电阻是否稳定，是否符合要求；

i. 检查管线法兰跨接电阻是否符合要求。

② 阀门。阀门每月至少检查 1 次，主要内容有：

a. 阀杆动密封及法兰垫片静密封处是否渗漏；

b. 启闭状态是否正常；

c. 阀体有无损伤及渗漏等异常现象；

d. 将平日常开或常闭阀门（如罐前第一道阀门、排污阀等）转动 1～2 圈或做 1 次升降试验；

e. 对平日常开或常闭阀门阀杆等部位润滑；

f. 检查和调试电、气动阀的动力头及电、气系统。

③ 使用阀门注意事项：

a. 开关阀门时，禁止用长杆或长扳手扳手轮；

b. 明杆阀门的阀杆应定期加少量润滑脂或石墨粉，室外露天阀门应加阀门罩；

c. 长期开启的阀门，在密封面上可能有污物或锈层，关闭时可将阀门轻轻关上，再开启少许，利用高速液流将污物冲净后，再关紧；

d. 入冬前应放尽阀体内凹处积水，以防冻裂；

e. 当阀门全开后，应再将手轮倒转半圈，以防卡死；

f. 备用阀门应放在室内干燥处，并用纸板或堵头将接口密封，以防污物进入或锈蚀。

④ 管路的入冬保护：

a. 管路的入冬保护是油库安全工作的重要内容之一，尤其是对于严寒地区；

b. 在入冬前应将油罐及管路内的残水彻底排净，严防气温下降造成管路、阀门等设备冻堵、冻裂或回油罐内发生冰冻而影响正常使用。

⑤ 对使用5年以上的管线进行下列项目的检查：

a. 对管线进行壁厚定点测量（可用超声波测厚仪等）。

b. 对管线及管件（阀门、过滤器、补偿器等）抽样（不少于管件数的10%）做水压强度试验。

c. 对埋地的管线应使用防腐检漏仪进行检查。对发现的漏点，应挖开地面或钻孔取样检查。

⑥ 每2年对使用5年以上的阀门抽检10%以上，进行解体检查或水压试验。

a. 阀座与阀体符合是否牢固；

b. 阀芯与阀座的接合是否严密，有无缺陷；

c. 阀杆与阀芯的连接是否灵活、可靠；

d. 阀杆有无弯曲、锈蚀，阀杆与填料压盖配合是否合适，螺纹有无缺陷；

e. 阀杆与阀体有无裂纹，接合是否良好；

f. 垫片、填料、螺栓等是否齐全，有无缺陷。

86. 气瓶充装安全操作规程

根据特种设备规范《特种设备生产和充装单位许可规则》（TSG 07）的要求，编制指定了如下安全操作规程，对气瓶的充装安全工作有了根本遵循，必须认真贯彻执行。

(1) 充装前的检查

气瓶在充装之前，必须经过认真仔细检查，以防止一切不符合要求和规定的气瓶投入充装，排除不安全因素，保证气瓶在充装和使用过程中的安全。

a. 气瓶是否由持有制造许可证的单位制造，气瓶是否属于制造单位及有关主管安全监察部门宣布报废、停用或需要复检的产品。

b. 气瓶改装是否符合要求。

c. 气瓶原始标志是否符合标准和规定，钢印字迹是否清晰可见。气瓶的钢印标记上的内容应包括：气瓶制造单位名称或代号；气瓶编号；水压试验压力；公称工作压力；实际重量；实际容积；瓶体设计壁厚；制造单位检验标记和制造年月；监督检验标记；寒冷地区用气瓶标记。

d. 气瓶是否在规定的检验有效期限内。

e. 气瓶上标出的公称工作压力是否符合欲装气体规定的充装压力。盛装压缩气体气瓶的公称工作压力，是指在基准温度（20℃）下，瓶内气体达到完全均匀状态时的限定（充）压力；盛装液化气体气瓶的公称工作压力，是指温度为60℃时瓶内气体压力的上限值；盛装溶解气体气瓶的公称工作压力，是指瓶内气体达到化学、热量以及扩散平衡条件下的静置压力（15℃时）；焊接绝热气瓶的公称工作压力，是指在气瓶正常工作状态下，内胆顶部气相空间可能达到的最高压力；盛装标准沸点等于或者低于60℃的液体以及混合气体气瓶的公称工作压力，按照相应标准规定。

f. 气瓶的颜色、字样是否符合《气瓶颜色标志》的规定。

g. 气瓶附件是否齐全，并符合技术要求。

h. 气瓶内有无剩余压力，剩余气体与欲装气体是否相符合。

i. 盛装氧气或强氧化性气体的气瓶的瓶阀和瓶体是否沾有油脂。

j. 首次充气的气瓶是否经过置换或真空处理。

k. 瓶体有无裂纹、严重锈蚀、明显变形、机械损伤等缺陷。

(2) 气瓶的充装量

a. 气瓶的充装量是指气瓶允许充装的气体或液化气体的最大质量，所以也称最大充装量或安全充装量。各类气瓶的充装量应该根据气瓶的许用压力和最高使用温度确定。其原则是保证所装气体或液化气体在最高使用温度下，其压力不超过气瓶的许用压力。

b. 气瓶许用压力是为保证气瓶安全，允许瓶内达到的最高压力。我国规定：高压气瓶的许用压力等于气瓶的公称工作压力；永久气体气瓶的许用压力为公称工作压力的1.2倍或水压试验压力的0.8倍。

c. 气瓶的最高使用温度是指气瓶在充装气体以后可能达到的最高温度。我国《气瓶安全监察规程》规定，国内使用的气瓶，最高使用温度为60℃。

d. 永久气体（压缩气体）气瓶的充装量与液化气体不同，永久气体的充装量是指在最终充装温度下的充装压力。液化气体的充装量是指单位容积内所装气体的质量。

(3) 液化气体的充装

a. 实行充装复检制度，严禁过量充装；

b. 称量衡器应保持准确；

c. 严禁从液化石油气槽车直接向气瓶灌装；

d. 充装后逐只检查，发现有泄漏或其他异常现象应妥善处理；

e. 认真填写充装记录；

f. 操作人员应相对稳定，并定期进行安全教育和考核。

(4) 充装后的检查

a. 瓶壁温度有无异常；

b. 瓶体有无鼓包、变形、泄漏或充装前检验的缺陷；

c. 瓶阀和瓶口连接处的气密性是否良好，瓶帽和防震圈是否齐全完好；

d. 颜色标记和检验色标是否齐全并符合技术要求；

e. 取样分析瓶内气体纯度及杂质含量是否在规定的范围内；

f. 实测瓶内气体压力、质量是否在规定的范围内。

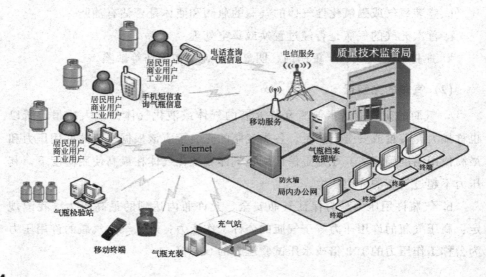

87. 加油站作业安全操作规程

依据国家标准《汽车加油加气站设计与施工规范》（GB 50156）的要求和安全行业标准《加油站作业安全规范》（AQ 3010）的要求，编制制定了该规程。旨在加油站作业过程中确保安全生产，因此，在加油站作业中必须执行该安全操作规程。

（1）卸油和加油作业

a. 卸油作业。在卸油前，应先核对来油单（核对油品名称、数量）和查铅封，然后触摸人体静电消除装置，接上静电接地线，准确计量油罐空容量，再接好快速接头（使罐车上胶管与油罐连接），便可打开阀门卸油，卸油中司机和卸油员均应在现场，并注意巡查。卸油完毕，卸油员应登上罐车确认油品卸净，然后关闭阀门，松开快速接头，卸下静电接地线，检查签单放行。

b. 加油作业。加油员必须熟练掌握加油机的正确操作方法，严格按程序进行加油作业，遵守安全管理制度。加油前，加油员必须确认发动机已熄火后，方可将油箱盖板打开，然后加油。加油过程中，加油员要集中注意力，认真操作，及时正确处理油箱漏油、冒油等情况。

（2）漏油、冒油事故的预防和应急处理

① 漏油事故的预防和应急处理

a. 防油箱溢油。机械式计量加油机同时配备普通加油枪的加油作业中，极易发生油箱溢油事故。此时一般为一人一枪，只要有一定工作经验，溢油量也不会太大。对一些摩托车、助动车、助残车等，油箱容积小，附近又安装有电气线路和发动机，此时较为危险，应特别注意。

现在已普遍换代的电脑加油机，性能有所提高，一次作业加油总量可以预置，在加油接近总量时会自动控制减慢流量，并配有自封性能的加油枪，当加油枪口接触油液面时会自动封枪停泵。这些设备都有效地避免了加油作业中油箱溢油事故的发生。但也经常会由于加油枪自封部件的损坏或司机估计不准而发生溢油事故，这是应当注意的。

b. 防加油枪漏油或胶管破损。加油枪漏油是指加油枪口封闭部件渗漏及胶管连接处密封渗漏。另外,软管在长期的作业中,也可能由于局部过多频繁曲折、摩擦、损坏而产生渗漏。使用胶管时不能用力拉,同时要防止胶管被车辆碾压,加油完毕应迅速将胶管收起。

c. 防油箱破损。由于司机对油箱已破损的状况并不了解,一边加油一边漏油,漏出的油量往往较大。此时应停止加油(漏油量较多时,应用铁桶接住),并将车推开,远离加油机后,再检查油箱(不得在站内修理),并及时清除地面的漏油。

d. 防加油时大量的油蒸气积聚。正常加油时油箱会有大量油蒸气冒出,特别是在有车身挡住的局部范围内油蒸气浓度会更大些,所以,加油时应特别注意禁止任何火源。

e. 管道或油罐漏油的应急处理。油罐防腐处理不妥,就有可能发生腐蚀渗漏。油罐基础处理不善,由于地下水的浮力作用也可能损坏一些管道的接口而发生漏油。地下渗漏起初很难察觉,只有在大量渗漏时才可能从地面或下水道中发现。平时应严格计量,并经常有目的地察看罐区内草木的生长状况,集水井或下水道有无异常等各种迹象进行判断,及早发现,一旦发生渗漏可采用堵漏胶或堵漏栓应急处理。

f. 加油机渗漏的应急处理。加油机较易渗漏的部位是进油口下法兰与吸入管口法兰连接处,油泵、油气分离器排出口等。一旦发现加油机渗漏,应立即停止加油,放空回油,关闭阀门,切断电源后进行检查处理。

② 冒油事故的预防及应急处理。为避免冒油,要注意两点:一是一定要准确计量空罐容量;二是卸油时卸油员与司机都应在场监护。对现场已跑、冒的油品必须用棉纱、毛巾、拖布等进行必要的回收,严禁用铁制等易产生火花的器皿进行回收。回收后用沙土覆盖残留油面,待充分吸收残油后将沙土清除干净。

a. 严格对各种火源进行管理:

严禁将火柴、打火机等火种带入站内;

禁止使用非防爆电气设备;

车辆进站后必须熄火后才能加油;

严禁违规动火维修;

加油站内不得有经营性的住宿、餐饮和娱乐等设施。严禁在加油站附近玩火,以及进行燃放鞭炮或其他可能产生明火源的活动。

b. 操作中静电、雷电、电气事故的预防：

卸油前要接地。

加油枪胶管上的静电导线要经常检查。

不能向塑料桶直接灌注汽油。

作业人员要穿防静电工作服，以消除人体静电。

要有一定的防雷保护措施。

要预防电气火灾。加油站内电气设备的整体防爆性能要完好。在平时检查电气线路时，应注意电线是否已老化；配、接线有无松动、脱落；电气设备有无破损。电气作业应遵守安全技术操作规程。

站内禁止使用手机与传呼机。

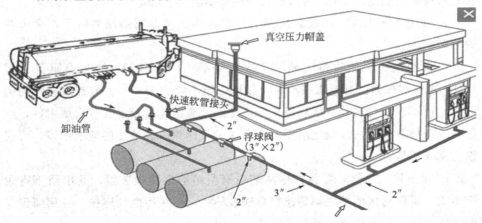

88. 加油站防火安全操作规程

依据国家标准《建筑设计防火规范》（GB 50016）和国家标准《汽车加油加气站设计与施工规范》（GB 50156）的要求与安全行业标准《加油站作业安全规范》（AQ 3010）的要求，编制制定了该规程。旨在加强加油站防火工作，确保安全生产，因此，在加油站防火工作中必须执行该安全操作规程。

(1) 储油罐的建筑防火要求

a. 加油站的汽油和柴油储罐，应采用卧式圆柱形钢油罐。城市加油站的汽油、柴油储罐应直接埋入地下。汽油储罐严禁设在室内或用盖板掩盖的坑内。储罐容积不宜过大，其单罐容积不宜超 $15m^3$。在建筑密度大的地区，宜采用单一品种，只设一个油罐，容积不宜超过 $10m^3$，设一台加油泵。

b. 当加油站建在郊区，储罐直接埋入地下有困难时，也可设在地上或埋设成半地下式，但应设防火堤。

c. 直埋油罐的进油管、出油管、量油孔、呼吸管等综合管，应设在人孔盖上。量油孔的材料应采用铜、铝等有色金属，以防止与钢管摩擦打火。

d. 地下油罐应单独设置呼吸管，管径不应小于 50mm。呼吸管必须安装阻火器，管口与地面的距离不应小于 4m。沿建筑的墙（柱）敷设的呼吸管，其管口应高于建筑物 1m，与门窗的净距离不应小于 3m。

e. 地下油罐人孔，应设在坚固的操作井内。井盖应用碰撞时不产生火花的材料制成。

f. 钢油罐必须做防雷接地，其接地点不应少于两处，接地电阻不大于 10Ω。当油罐仅做防感应雷接地时，接地电阻不宜大于 30Ω。装有阻火器的钢油罐，可不装设避雷针（线）保护。埋地的油罐罐体、量油孔等金属附件，应做电气连接并接地，接地电阻不宜大于 10Ω。储存可燃油品的地下钢罐，可仅做防感应雷接地。

g. 地下卧式油罐，要在首尾两端设有两组静电接地装置，其电阻不得大于 10Ω。罐体与接地极之间的连接扁铁或导线，要采用螺栓连接，并用沥青等做防腐处理。静电接地装置每年应检测两次。

(2) 加油机安装和检修的要求

a. 加油机基础中穿过的油品管线，电源线和接地线的孔洞应用砂土填满，以防止油气逸出而发生事故。

b. 加油机周围，按石油库内爆炸危险场所等级划分为 1 级区域。其电气线路应采用电缆敷设和钢管配线，电气设备应选用本质安全型。电源及照明灯的开关，应装在加油站管理室内。

c. 加油机与储油罐之间应用导线连接起来，并接地，以防止两者之间产生电位差。

d. 严禁带电检修电气设备，并应清除电气设备内部的尘土及异物。

e. 加油机所采用的电气元件应符合国家标准《爆炸性环境用防爆电气设备通用要求》的规定，并有国家指定的检查单位发给的防爆合格证书。各电器元件上必须有明显的防爆标志。

f. 泵坑内电线管，要做防水弯头。

g. 加油机地线的接法应符合安装说明。

h. 加油机油枪软管，应用螺旋形金属丝加强，并用导线与加油机连接，以消除枪口处产生的静电。

i. 接近加油机的人员不得穿易产生静电的服装和有铁钉的鞋，检修操作使用不产生火花的工具，操作时不得有敲击、碰撞现象。检修现场应避免任何火源。

j. 吸油管、油泵、油气分离器、计量器、视油器、输油软管、油枪等机构各连接管路不得有渗漏现象。

（3）管理室的建筑防火要求

a. 管理室为一、二级耐火等级的单独建筑。如与其他建筑组合建造时，应用防火墙分隔。加油机罩棚，应采用现浇钢筋混凝土遮棚，以防止加油站火灾竖向蔓延。

b. 管理室的采暖，应利用城市热网、区域锅炉房或邻近单位的热源。当无上述条件时，可在加油站内设置小型热水锅炉采暖。该锅炉应设在单独房间内，锅炉房的门窗不得朝向加油机、卸油口油罐及呼吸管口距离锅炉房门窗不应小于12m。锅炉排烟口应高于屋顶1.5m，距加油机、卸油口、油罐及呼吸管口的距离，不应小于12m。该锅炉应安装火星熄灭器，严防火星外逸。

（4）加油站场地设施的防火要求

a. 加油站的四周应设不低于2m高的实体围墙；当与周围建筑物防火间距符合要求时，可设金属网或非燃烧材料的栅栏。

b. 为了防止油品流出站外，加油站地面应有一定坡度，并应设置隔油池。

c. 加油站房应设有防雷设施。

d. 加油站应配备大型（推车式）和小型（手提式）的泡沫、干粉灭火器，以及石棉布、沙土等灭火器材。

e. 加油站在进行绿化时，其周围宜植阔叶树。

（5）作业管理要求

a. 操作人员应掌握本岗位的安全操作技术和防火安全规定，做到精心操作,防止油品渗漏、溅洒。

b. 加油站内严禁烟火,并设立醒目的宣传牌,严格用火、用电管理。严禁在加油站内从事可能产生火花的作业,诸如检修车辆、敲击铁器等。

c. 对安全阀、呼吸阀、接地线等,应经常检查、测试,保证安全好用。

d. 严禁携带一切危险物品入站。加油站内严禁闲杂人员随意出入和逗留。客车进站加油时,乘客必须先下车,待加油完毕,车辆驶出站外再上车。

e. 雷击时应停止加油、卸油作业。

(6) 卸油操作防火

a. 油槽车的排气管应安装防火罩。在自流卸油时应关闭发动机,同时停止加油作业(罐区与加油区分开的除外),做好安全警戒,及时安排接卸。

b. 在油槽车卸油时,应有专人监护,司机应先在油槽车规定的部位接好临时接地线,并坚守岗位,严防行人靠近。卸油完毕,稳油5min后,复测油罐存量,以防测油尺和油液面、油罐间静电放电,造成火灾。

c. 在卸油前,一定要对油罐进行计量,核准油罐的存油量后才能卸油,以防止卸油时冒顶跑油。卸油时要严格控制油的流速,在油品没有淹没进油管口前,油的流速应控制在 $0.7m^3/h$ 内,以防止产生静电。

d. 在卸油时,油管应伸至距罐底不大于300mm处,以防止进油喷溅产生静电。根据一些地区的经验,将进入油罐区的一段卸油管改成花管,能防止油品的喷溅。

(7) 加油操作防火

a. 加油员必须亲自操纵加油,不得扭折加油软管或拉长到极限,加油枪要牢固地插入油箱的灌油口内,集中精力,认真操作,做到不洒不冒。

b. 向汽车油箱加油,最好采用自封式加油枪,当液面达到了一定高度,将加油枪上的小孔浸没时,加油枪自动关闭,停止加油。这样,可以避免油箱过满而溢油。

c. 加油机发生故障和发生危及加油站安全情况时,应立即停止加油。发生跑、冒、滴、漏油时,必须清理完现场后,加油车辆方能启动离去。

d. 加油站停止营业时,应关闭加油机,切断电源,关闭油罐进出油管线闸阀,锁好门窗。

89. 危险化学品储存安全操作规程

根据《危险化学品安全管理条例》（国务院令第591号）和国家标准《危险化学品经营企业安全技术基本条件》（GB 18265）、《易燃易爆性商品储存养护技术条件》（GB 17914）、《腐蚀性商品储存养护技术条件》（GB 17915）、《毒害性商品储存养护技术条件》（GB 17916）的要求，对危险化学品的储存有着极为严格的要求，因此，要严格按照如下安全操作规程进行操作。

(1) 爆炸品及易制爆化学品储存

a. 爆炸品及易制爆化学品仓库必须选择在人烟稀少的空旷地带，与周围的居民住宅及工厂企业等建筑物必须有一定的安全距离。库房应为单层建筑，周围需装设避雷针。库房要阴凉通风，远离火种、热源，防止阳光直射，一般库温控制在15～30℃为宜（硝化甘油库房最低温度不得低于15℃，以防止凝固），相对湿度一般控制在65%～75%（易吸湿的黑火药、硝铵炸药、导火索等相对湿度不得超过65%）。库房内部照明应采用防爆型灯具，开关应设在库房外面。物资储存应掌握先进先出原则，防止变质失效。

b. 堆放各种爆炸品及易制爆化学品时，要求做到牢固、稳妥、整齐，防止倒垛，便于搬运。为有利于通风、防潮、降温，爆炸品的包装箱不宜直接放在地面上，最好铺垫20cm左右的方木或垫板，绝不能用受撞击、摩擦容易产生火花的石块、水泥块或钢材等铺垫。炸药箱的堆垛高度、长度、垛与垛的间距、墙距、柱距、顶距等均需慎重考虑。每个库房不得超量储存。

c. 为确保爆炸品及易制爆化学品储存和运输的安全，必须根据各种爆炸品的性能或敏感程度严格分类，专库储存，专人保管，专车运输。

d. 一切爆炸品和易制爆化学品严禁与氧化剂、自燃物品、酸、碱、盐、易燃可燃物、金属粉末和钢铁材料器具等混储混运。

e. 点火器材、起爆器材不得与炸药、爆炸性药品、发射药、烟火等其他爆炸品混储混运。

f. 加强仓库检查，每天至少两次，查看温、湿度是否正常，包装是否完整，库内有无异味、烟雾，发现异常立即处理。严防猫、鼠等小动物进入库房。

(2) 压缩气体和液化气体储存

a. 仓库应阴凉通风，远离热源、火种，防止日光暴晒，严禁受热。库内照明应采用防爆照明灯。库房周围不得堆放可燃材料。

b. 钢瓶入库验收要注意：包装外形无明显损伤，附件齐全，封闭紧密，无漏气现象，包装使用期应在试压规定期内，逾期不准延期使用，必须重新试压。

c. 内容物互为禁忌物的钢瓶应分库储存。例如：氢气钢瓶与液氯钢瓶、氢气钢瓶与氧气钢瓶，液氯钢瓶与液氨钢瓶等，均不得同库混放。易燃气体不得与其他种类危险化学品共同储存，储存的钢瓶应直立放置整齐，最好用柜架或栅栏围护固定，并留有通道。

(3) 易燃液体储存

a. 易燃液体应储存于阴凉通风库房，远离火种、热源、氧化剂及氧化性酸类。闪点低于23℃的易燃液体，其仓库温度一般不得超过30℃，低沸点的品种须采取降温式冷藏措施。

b. 大量储存的易燃液体（如苯、醇、汽油等）一般可用储罐存放，所用的机械设备必须防爆，并设有导除静电的接地装置。储罐可露天，但气温在30℃以上时应采取降温措施。

c. 专库专储，一般不得与其他危险化学品混放。

(4) 易燃固体、自燃物品和遇湿易燃物品的储存

① 易燃固体储存：

a. 储存于阴凉通风库房内，远离火种、热源、氧化剂及酸类（特别是氧化性酸类），不可与其他危险化学品混放。

b. 搬运时轻装轻卸，防止拖、拉、挤、撞，保持包装完好。

c. 有些品种如硝化棉制品等，平时应注意通风散热，防止受潮发霉，并应注意储存期限。储存期较长（如1年）时，应拆箱检查有无发热、发霉变质现象，如有则应及时处理。

d. 对含有水分或乙醇作稳定剂的硝化棉等应经常检查包装是否完好，发现损坏要及时修理。要经常检查稳定剂情况，必要时添加稳定剂，润湿必须均匀。

e. 在储存中，对不同品种所发生的事故应区别对待。如发现红磷冒烟，应立即将冒烟的红磷抢救出仓库，用黄沙、干粉等扑灭。因红磷从冒烟到起火燃烧有一段时间，可以来得及抢救。但如发现散装硫黄冒烟则应及时用水扑救。而镁、铝等金属粉末燃烧，只能用干砂、干粉救火，严禁用水、酸碱灭火剂、泡沫灭火剂以及二氧化碳救火。

② 自燃物品储存：

a. 入库验收时，应特别注意包装必须完整密封，储存处应通风、阴凉、干燥，远离火种、热源，防止阳光直射。

b. 应根据不同物品的性质和要求，分别选择适当地点，专库储存。严禁与其他危险化学品混储混运。即使少量亦应与酸类、氧化剂、金属粉末、易燃易爆物品等隔离存放。

③ 遇湿易燃物品储存：

a. 此类物品严禁露天存放。库房必须干燥，严防漏水或雨雪侵入。注意下水道畅通，暴雨或潮汛期间必须保证不得进水。

b. 库房必须远离火种、热源，附近不得存放盐酸、硝酸等散发酸雾的物品。

c. 包装必须严密，不得破损，如有破损，应立即采取措施。钾、钠等活泼金属绝对不允许露置空气中，必须浸没在煤油中保存，容器不得渗漏。

d. 不得与其他类危险化学品，特别是酸类、氧化剂、含水物质、潮湿性物质混储混运，亦不得与消防方法相抵触的物品同库存放，同车、船运输。

(5) 氧化剂和有机过氧化物储存

a. 氧化剂应储存于清洁、阴凉、通风、干燥的库房内，远离火种、热源，防止日光暴晒，照明设备要防爆。

b. 仓库不得漏水，并应防止酸雾侵入。严禁与酸类、易燃物、有机物、还原剂、自燃物品、遇湿易燃物品等混合储存。

c. 不同品种的氧化剂，应根据其性质及消防方法的不同，选择适当的库房分类存放以及分类运输，如有机过氧化物不得与无机氧化剂混储混运；过氧化物应专库存放，专车运输等。

d. 仓库储存前后及运输车辆装卸前后，均应彻底清扫、清洗。严防混入有机物、易燃物等杂质。

(6) 有毒品储存

a. 有毒品必须储存在仓库内，不得露天存放。应远离明火、热源，库房通风应良好。

b. 严禁将有毒品与食品或食品添加剂混储混运。

c. 有毒品一般不得和其他种类的物品（包括非危险品）共同储运，特别是与酸类及氧化剂应严格分开。

d. 储存和运输有毒品，应先检查包装容器是否完整、密封，凡包装破损的不予运输。

e. 剧毒品应严格按"五双（双人验收、双人发货、双人保管、双把锁、双本账）"管理制度执行。

f. 应注意根据有毒品的性质采取不同的消防方法。

(7) 放射性物品储存

a. 仓库应干燥、通风、平坦，要划出警戒区，并采取一定的屏蔽防护；

b. 应远离其他危险品或货物、人员、交通干线等，严格执行防护检查等安全管理制度；

c. 存放过放射性物品的地方，应在卫生部门指派的专业人员监督指导下进行彻底清洗，否则不得存放其他物品。

(8) 腐蚀品储存

a. 腐蚀品的品种比较复杂，应根据其不同性质，储存于不同的库房；

b. 储存容器必须按腐蚀性合理选用。

90. 危险化学品运输安全操作规程

按照我国《危险化学品安全管理条例》（国务院令第591号）的要求，对危险化学品的运输须按照以下规定和规程执行。

(1) 危险化学品运输单位开业要求

① 资质认定公路运输企业的资格审查，主要依据交通部《道路危险货物

运输管理规定》的要求。主要内容如下。

a. 有能保证安全运输危险货物的相应设施设备。

b. 具有 10 辆以上专用车辆的经营规模，5 年以上从事运输经营的管理经验，配有相应的专业技术管理人员。

c. 具有较为完善的安全操作规程、岗位责任制、车辆设备保养维修和安全质量教育等规章制度。

d. 从事道路危险货物运输、装卸、维修作业和业务管理人员，应具有经当地市级以上道路运政管理机关考核并颁发的《道路危险货物运输操作证》。

e. 运输危险货物的车辆、容器、装卸机械及工具应符合交通部《汽车危险货物运输规则》规定的条件，并具有经道路运政管理机关审验、颁发的符合一级车辆标准的合格证。

② 申请与审批程序

a. 从事道路危险货物运输单位提出书面申请。

b. 交通运政管理机关审验。

c. 根据审验结果，由交通运政管理机关核发危险化学品《道路运输经营许可证》和《道路运输营运证》。

d. 对于非营业性运输单位从事道路危险货物运输，需事先向当地交通运政管理机关提出申请，经审查合格，由交通运政管理机关核准，发给《道路危险货物非营业运输证》。

e. 对于从事一次性道路危险货物的运输，须报经县级以上道路运政管理机关审查核准，发给《道路危险货物临时运输证》方可进行运输作业。

f. 水上运输危险化学品（剧毒化学品除外）单位运营资格，由国务院交通部门按规定办理。

③ 办理《易燃易爆化学物品准运证》的条件（《易燃易爆化学物品准运证》由公安部门核发）

a. 有主管单位的证明、车辆年检证、驾驶员证、押运员证。

b. 有符合消防安全要求的运输工具和配备相应的消防器材。

c. 有必要的应急处理器材和防护用品。

d. 有经过消防安全培训合格的驾驶员和押运员。

④ 对危险化学品运输从业人员的要求 运输危险化学品的驾驶员、船员、装卸人员和押运人员必须掌握有关危险化学品运输的安全知识，了解所运载的

危险化学品的性质、危害特性、包装容器的使用特性和发生意外时的应急措施，经所在地设区的市级人民政府交通部门考核合格（船员经海事管理机构考核合格），取得上岗资格证，方可上岗作业。危险化学品的装卸作业必须在装卸管理人员的现场指挥下进行。

(2) 危险化学品运输安全要求

① 托运要求

a. 通过公路、水路运输危险化学品的，托运人员只能委托有危险化学品运输资质的运输企业承运。

b. 托运人托运危险化学品，应当向承运人说明运输的危险化学品的品名、数量、危害、应急措施等情况。运输危险化学品需要添加抑制剂或者稳定剂的，托运人交付托运时应当添加抑制剂或者稳定剂，并告知承运人。

c. 托运人不得在托运的普通货物中夹带危险化学品，不得将危险化学品匿报或者谎报为普通货物托运。

d. 任何单位和个人不得邮寄或者在邮件中夹带危险化学品，不得将危险化学品匿报或者谎报为普通物品邮寄。

② 托运人申报《资质证书》应具备的条件

a. 办理铁路危险货物运输的托运人，应是国家有关部门审批认定的具有企业法人资格的危险货物生产、储存、使用、经营单位。

b. 危险货物生产单位应出具国务院质检部门颁发的《危险化学品生产许可证》。

c. 剧毒品和其他危险品生产、经营、储存单位，应出具省级人民政府经济贸易主管部门或设区的市级人民政府负责危险化学品安全监督管理综合工作部门颁发的经营许可证，以及同级人民政府工商管理部门核发的营业执照。

d. 托运人应有相应数量的技术管理人员和相对固定的铁路运输经办人员，应熟悉铁路危险货物运输业务和规定要求，并通过铁路危险货物运输知识考核认证。经办人必须执有危险货物运输业务培训合格证书。

③ 剧毒化学品运输特别要求

a. 通过公路运输剧毒化学品的，托运人应当向目的地县级人民政府公安部门申请办理《剧毒化学品公路运输通行证》，办理《剧毒化学品公路运输通行证》时，托运人应当向公安部门提交有关危险化学品的品名、数量、运输始发地和目的地、运输路线、运输单位、驾驶人员、押运人员、经营单位和购买单位资质情况的材料。

b. 剧毒化学品在公路运输途中发生被盗、丢失、流散、泄漏等情况时，承运人及押运人必须立即向当地公安部门报告，并采取一切可能的警示措施。公安部门接到报告后，应当立即向其他有关部门通报情况，有关部门应当采取必要的安全措施。

c. 禁止利用内河以及其他封闭水域等航运渠道运输剧毒化学品以及国务院交通部门规定禁止运输的其他危险化学品。

d. 铁路发送剧毒化学品时必须按照《铁路剧毒品运输跟踪管理暂行规定》执行。

e. 对装有剧毒物品的车、船卸货后必须清刷干净。

④ 运输工具的要求

a. 车辆运输。运输危险化学品的车辆应专车专用，并有明显标志，要符合交通管理部门对车辆和设备的规定。装运集装箱，大型气瓶，可移动槽罐等车辆，必须设置有效的紧固装置；三轮机动车、全挂汽车、人力三轮车、自行车和摩托车不得装运爆炸品、一级氧化品、有机过氧化品、一级易燃品；自卸汽车除二级固体危险货物外，不得装运其他危险货物；易燃易爆品不能装在铁帮、铁底车、船内运输；运输危险化学品的车辆，船舶应有防火安全措施。

b. 槽罐及其他容器。运输压缩气体、液化气体和易燃液体的槽、罐车的颜色，必须符合国家色标要求，并安装静电接地装置和阻火设备；用于化学品运输工具的槽罐以及其他容器，必须依照《危险化学品安全管理条例》的规定，由专业生产企业定点生产，并经检测、检验合格，方可使用；质检部门应当对前款规定的专业生产企业定点生产的槽罐以及其他容器的产品质量进行定期或不定期的检查；运输危险化学品的槽罐以及其他容器必须密封口严密，能够承受正常运输条件下产生的内部压力和外部压力，保证危险化学品运输中不因温度、湿度或者压力的变化而发生任何渗（洒）漏；装运危险货物的槽罐应适合所装货物的性能，具有足够的强度，并应根据不同货物的需要配备泄压阀、防爆板、遮阳物、压力表、液位计、导除静电及相应的安全装置；槽罐外部的附件应有可靠的防护设施，必须保证所装货物不发生"跑、冒、滴、漏"，并在阀门口装置积漏器。

⑤ 行车路线

a. 通过公路运输危险化学品，必须配备押运人员，并随时处于押运人员的监督下，不得超装、超载，不得进入危险化学品运输车辆禁止通行的区域；确需进入禁止通行区域的，应当事先向当地公安部门报告，由公安部门为其指定行车时间和路线，运输车辆必须遵守公安部门规定的行车时间和路线。

b. 危险化学品运输车辆禁止通行区域，由设区的市级人民政府公安部门规定，并设置明显的标志。

c. 运输危险化学品途中需要停车住宿或者遇有无法正常运输的情况时，应向当地公安部门报告。

(3) 危险化学品运输安全操作规程

① 从事危险化学品运输的驾驶员必须具有高度的责任感和事业心，牢固树立对企业和生命财产负责的责任心。

② 运输危险化学品要事先掌握了解货物的特性和消防、消毒等措施，对包装容器、工具和防护设施等要认真检查，严禁危险化学品漏、散和车辆带病运行。

③ 在运输、停靠危险区域时，不准吸烟和使用烟火。

④ 凡危险化学品的盛装容器，发现有渗漏、破损等现象，在未经改装和采取其他安全措施前，易引起氧化分解、自燃和爆炸现象，应立即采取自救，向领导、厂方和当地消防部门报告，尽快妥善处理解决。

⑤ 严禁将有抵触性的危险化学品混装在一起运输，各种机动车辆进入危险物品区、场地时，应在车辆上装阻火器后，方可进入。

⑥ 危险化学品运输在炎热的夏季应在上午 10 时前或下午 3 时后进行，以免引起事故。

⑦ 装卸危险化学品的车辆不准停在人员密集、城镇、交通要道、居民区等场地，不准将载有危险化学品的车辆停放在单位车间内。如确因装卸不及停车或过夜修理时，应向领导或值班负责人报告，采取必要的防护措施。

⑧ 危险化学品的运输车辆，应及时进行清洗、消毒处理，在清洗、消毒时，应注意危险化学品的特性，掌握清洗、消毒的方法和知识，防止污染、交叉反应引起中毒等事故。

⑨ 装运危险化学品的车辆，应配备一定的消防器材、急救药品、黄色三角旗或危险化学品运输车辆标志。

⑩ 危险化学品运输驾驶员除遵守以上安全操作规程外，还需遵守汽车驾驶员的安全操作规程。危险化学品运输汽车安全装置见图 4-8。

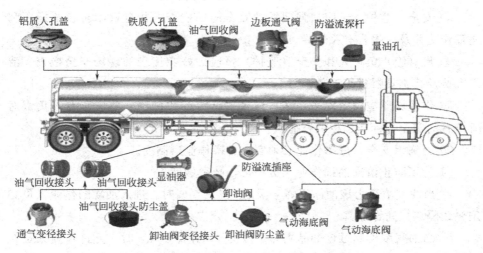

图 4-8　危险化学品运输汽车安全装置

91. 油罐清洗安全操作规程

油罐清洗作业是危险性较大的作业，要按照作业的规模、时间的长短、人员的多少等实际情况，几何环境条件制定严密的作业方案，并严格按照如下安全操作规程执行。

(1) 一般安全规定

① 清洗油罐作业部门应根据作业现场的不同情况，制定具体的切实可行的清洗油罐方案和安全措施。

② 清洗油罐指挥人员，在清洗油罐作业期间必须亲临现场，及时解决和处理所发现的问题。

③ 清洗油罐的方案及安全措施，经讨论后，由主管经理批准后执行。

④ 清洗油罐作业之前，应根据分工情况对有关人员进行安全和有关操作技术的岗前教育，并经考核合格后方准上岗。

⑤ 凡有作业人员进罐检查或作业时，油罐人孔外均须设专职监护人员，且一名监护人员不得同时监护两个作业点。

⑥ 安全（监护）员应加强现场的安全巡回检查，并有权制止违章指挥和违章作业并及时报告有关领导。

⑦ 班（组）负责人和安全（监护）员应做好交接班的现场安全检查、清点人员及其工具器材等工作。

⑧ 作业场所应确定安全距离，设置安全界标或栅栏，并应有专人负责对所设置的安全界标或栅栏进行监护。

⑨ 为确保安全，进罐作业必须实施进罐作业票制度。

⑩ 为了防止清洗油罐作业人员中毒，必须做到：

a. 当油气浓度为该油品爆炸下限的4‰～40‰时，进入油罐的作业人员必须佩戴隔离式防毒面具。

b. 当油气浓度超过该油品爆炸下限的1‰并低于4‰时，允许作业人员在不佩戴呼吸器具情况下短时间进罐作业，但应佩戴防毒口罩且每次作业时间不应超过15min；同时，每工作日最多重复工作四次，时间间隔不少于1h。在此浓度下，也可以使用类似过滤式的呼吸器具（如滤毒式防毒面具），但其气体空间的含氧量不应低于18％。

c. 当油气浓度低于该油品爆炸下限的1‰时，允许在无防护措施情况下8h作业。

d. 隔离式呼吸器具的供气，可根据不同条件采取自吸空气、手动供气、电动风机供气、压缩机供气、自带压缩空气供气等方法。

e. 根据不同场所，选择对应的防毒用具和防护用品，其规格尺寸应保证佩戴合适，性能良好，在使用中必须严格遵守"产品说明书"中的各项事项。呼吸软管内外表面不应被油类等污染。

f. 防毒用具、防护用品及清洗油罐工具每次使用之后，必须清洗干净。防毒用具和防护用品使用之前应仔细试验与检查，确保完好有效。

g. 严禁在作业场所饮食。作业人员每天饭前且下班后应在指定地点更衣洗澡，换下工作服，用肥皂洗净脸和手并刷牙漱口。

h. 作业场所应备有人员抢救用急救箱，并应有专人值守。

i. 由于作业影响而使罐内油气浓度超过允许值时，作业人员应迅速撤离现场。重新通风，直到油气浓度降到规定值时，方可继续作业。

j. 当油罐及其作业场所油气浓度超过该油品爆炸下限的20％时，其35m范围（卧式油罐可缩小50％）内均为火灾和爆炸危险场所。进入该场所进行清洗油罐作业时，引入该场所的电气设备及其安装，必须应符合国家有关的安全用电规定。在该场所内应严防铁器等相互撞击。

k. 当作业场所的油气浓度超过该油品爆炸下限的40％时，禁止进罐清洗作业。

l. 禁止在雷雨天（或气压低）或五级以上的大风天进行油罐的通风或清洗作业。

m. 电气设备检查、试验时，必须在距作业油罐35m范围（卧式油罐可缩小50％）以外的安全地带进行。

n. 垫水或充水使用的进水管线，不应采用输油管线，以防油品进入罐内。

o. 油罐清洗作业前，应在作业场所的上风向处配置好适量的消防器材，现场消防值班人员应充分做好灭火的准备。

p. 清洗油罐作业人员严禁穿着化纤服装。不得使用化纤绳索及化纤抹布等。气体检测人员必须穿着防静电服及鞋。

q. 当油气浓度超过该油品爆炸下限的20％时，清洗油罐作业时严禁使用压缩空气，禁止使用喷射蒸汽及使用高压水枪冲刷罐壁或从油罐顶部进行喷溅式注水。

r. 引入油罐的空气、水及蒸汽管线的喷嘴等金属部分以及用于排出油品的胶管都应与油罐做电气连接，并应做好可靠的接地。引入罐内的金属管线，当法兰间电阻值大于0.03Ω时，应进行金属跨接。

s. 机械通风机应与油罐做电气连接并接地。

t. 风管应采用不产生静电的材质，禁止使用塑料管。并应与罐底或地面接触，以使静电很快消散。

u. 进罐作业工作人员必须穿工作鞋和戴安全帽等防护用品。

v. 油罐清洗作业宜避开严冬或盛夏季节。

w. 下列人员严禁从事清洗油罐作业：

在经期、孕期、哺乳期的妇女；

有聋、哑、呆、傻等严重生理缺陷者；

患有深度近视、癫痫病、高血压、过敏性气管炎、哮喘、心脏病和其他严重慢性病以及年老体弱不适应清洗油罐作业者；

有外伤及疮口尚未愈合者。

(2) 排出底油

① 采用垫水排出底油的具体做法是：

a. 油罐倒空后应精确计量底部的存油（水）并予以记录，以便确定垫水高度及水泵的运行时间。

b. 垫水时应选择适宜的开孔处（如量油孔），以带静电导出线的胶管伸至油罐底部。垫水时流速不宜太大，一般初始流速应控制在1m/s左右，待油水界面形成后经过计量，使其界面处位于出油管线上沿0.5～1cm为宜。

c. 垫水结束后，从罐内抽出该进水胶管，用输油管线或临时敷设的胶管将垫起的底油放至回空罐、油水分离罐（池）或油桶内。此间应严防冒顶。同时还应通过计量检查底油是否完全排空。否则应继续垫水，直至罐内确认排空底油为止。

d. 确认排空底油30min后，应通过量油孔等处对罐内油气浓度进行测试并记录。

② 采用机械抽吸排出底油的具体做法是：

a. 通过排污阀自流排油，直至油不再排出时为止。

b. 卸下进（出）油管线阀门，切断与其他输油管线或油罐的通路并应将与油罐脱离开的管线法兰用盲板封住。

c. 将胶管由进（出）油管线的另一端插入罐底，用手摇泵或真空泵（配套电机应为隔爆型，并置于孔口3m以外）抽吸底油，并放至回空罐、油水分离罐（池）或油桶等内。此间通过计量，确认底油排空30min后，应通过量油孔、排油孔等处对罐内油气浓度进行测试并记录。

③ 底油排空后，宜采用手摇泵或真空泵将罐底存水抽吸至排污池等处，严禁直接排入下水道。

(3) 排除油气

① 排除油气前应认真检查：

a. 是否已按要求排出底油（水）。

b. 是否确定断开（拆断或已加盲板）油罐的所有管路系统。

c. 是否确定拆断油罐的阴极保护系统等。

② 为了提高油气的扩散效果，应尽可能地使油气向高空排放。

③ 作业过程中，应始终进行机械通风或良好的自然通风。

④ 机械通风排出油气时，通风量应大于残油的散发量。机械通风应采取正压通风，不得采取负压吸风。防爆风机应安装在上风口。

⑤ 机械通风的一般作业程序：

a. 打开罐顶上部光孔、量油孔，卸下呼吸阀等。

b. 打开油罐下部人孔，以风筒连接风机与油罐下部人孔。经检查无误后，启动风机，进行强制机械通风。

c. 进行间歇式通风，即每通风 4h，间隔 1h，连续进行 24h 以上，每小时通风量宜大于油罐容积的 10 倍以上，直至油气浓度达到规定数值后，方可佩戴相应的呼吸器具和采取必要的防护措施进罐进行作业。

d. 对于空气流通良好的油罐，可采用自然通风 10 天以上，经测试，油气浓度达到规定数值后佩戴相应的呼吸器具和防护措施，方可进罐作业。但需动火时，则必须进行机械通风。

⑥ 充水驱除油气的一般作业程序是：

a. 卸下进出油管线阀门。

b. 靠近油罐的一端连接充水管线，其间应设置阀门以控制充水流量，另一端以盲板封住。

c. 切断或关闭胀油管阀门。

d. 在罐顶适宜的开孔处安装好溢水胶管接头，溢水管线的口径应大于进水管线的口径。

e. 检查无误后，启动水泵缓慢充水（初始流速应控制在 1m/s）。待水面超过入口高度时，逐渐加大流量；当罐内水量达到 3/4 罐容时，应逐渐减小流量；待水面逐渐接近罐身上沿时，应暂停充水，浸泡 24h 并可启动风机排除油气。

f. 再启动水泵继续向罐内缓慢充水直到充满，使水和油气从排水管线流至排污池等处。

g. 经过一定时间后即可停止充水而改为由排污管线将污水排至排污池等处。严禁直接排入下水道。

h. 当污水排放到最低液位时，可卸下充水管线，把手摇泵的吸入管由此管口伸入到油罐底部，将罐底存水抽至排污池等处。

⑦ 采用低压蒸汽驱除油气的蒸汽管道的管径和蒸刷时间一般是：

- 1000m^3 以下油罐，管径 50mm 时，为 15h 以上。
- 1000m^3 以上油罐，管径 75mm 时，为 20h 以上。
- 3000m^3 以上油罐，管径 75mm 时，为 24h 以上。
- 5000m^3 以上油罐，管径 75mm 时，为 48h 以上。

⑧ 蒸汽压力不宜过高，一般应控制在 0.25MPa 左右。

⑨ 蒸汽驱除油气的一般做法：

a. 首先向罐内放入少量的水。

b. 将蒸汽管做良好接地（一般做成十字形接管，管上均匀钻小孔），用竹或木杆自人孔处将蒸汽管伸入油罐中的1/4处。

c. 打开光孔等使油罐有足够大的蒸汽排放通道。

d. 在罐外固定好蒸汽管道，然后缓慢通入蒸汽。当罐内温度升到65～70℃时，维持到要求时间。

⑩ 用蒸汽吹扫过的油罐，要注意防止油罐冷却时产生真空，损坏设备。

(4) 气体检测

① 气体检测的范围，应包括甲类、乙类、丙A类油品的储罐内等，以及附近35m范围内可能存留油气的作业场所。

② 必须采用两台以上相同型号规格的防爆型可燃气体测试仪，并应由经过训练的专门人员进行操作。若两台仪器数据相差较大时，应重新调整测试。如需动火作业时，还应增加一台防爆型可燃气体测爆仪。

③ 气体检测应沿油罐圆周方向进行，并应注意选择易于聚集油气的低洼部位和死角。对于浮顶油罐还应测试浮盘上方的油气浓度。

④ 每次通风（包括间隙通风后的再通风）前以及作业人员入罐前都应认真进行油气浓度的测试，并应做好详细记录。

⑤ 作业期间，应定时进行油气浓度的测试。正常作业中每8h内不少于两次，以确保油气浓度在规定范围之内。

⑥ 对于动火分析的油气浓度测试，应采用可燃气体测试仪和测爆仪同时测定，并于动火前30min之内进行。如果动火中断30min以上，必须重新做动火分析。试样均应保留到动火结束之后。

⑦ 测试仪器必须在有效检定期之内，方可使用。

(5) 进罐作业

① 检测人员应在进罐作业前30min进行一次油气浓度检测，确认油气浓度符合规定值，并做好记录。清洗油罐作业指挥人员会同安全检查人员进行一次现场检查。

② 安全（监护）员进入作业岗位后，作业人员即可进罐作业。

③ 作业人员佩戴隔离式呼吸器具进罐作业时，一般30min左右轮换一次。

④ 作业人员腰部宜系有救生信号绳索，绳的末端留在罐外，以便随时抢

救作业人员。

⑤ 清除污杂的通常做法：

a. 人工用特制铜（铝）铲子或者钉有硬橡胶的木耙子，清除罐底和罐壁的污杂及铁锈。

b. 用特制加盖铝桶盛装污杂，并用适宜的方法人工挑运或以手推车搬运等运出罐外。

c. 以白灰或锯末撒入罐底后，用铜铲或竹扫帚进行清扫。

d. 对于罐壁严重锈蚀的油罐，当油气浓度降到爆炸下限的20%以下，可用高压水进行冲刷。

⑥ 如油罐需进行无损探伤或做内防腐时，应用铜刷进一步清除铁锈和积垢，再用金属洗涤剂清洗，并用棉质拖布擦拭干净。

⑦ 油罐污杂，在作业期间应淋水，以防自燃。

(6) 照明和通信

① 必须采用防爆型照明设备。其悬挂高度一般不宜小于2.5m，且固定牢靠。供电电压不应超过12V，且应配置漏电保护器，做到一灯一闸一保护。

② 轻油罐清洗作业时的照明，一般应采用防爆手电筒作局部照明。手提行灯的电压不应超过12V。

③ 油罐清洗作业中应加强联系，宜采用防爆型的通信设备。

(7) 验收

① 清洗后的油罐一般应达到：

a. 用于储存高级润滑油和性质要求相差较大油罐的重复使用，要求达到无明显铁锈、杂质、水分、油垢，用洁布擦拭时，应不呈现显著的脏污油泥、铁锈痕迹。

b. 属于定期清洗，不改储存其他油品时，应清除罐底、罐壁及其附件表面沉渣油垢，达到无明显沉渣及油垢。

c. 属于检修及内防腐需要清洗的油罐，应将油污、锈蚀积垢彻底清除干净，用洁布擦拭无脏污、油泥、铁锈痕迹且应露出金属本色，即可进行内防腐和检修。

② 验收合格后的油罐在有监督的条件下，立即封闭人孔、光孔等处，连接好有关管线，恢复油罐原来的系统。一般应采取谁拆谁装的做法以防止遗漏。

(8) 其他

① 油罐清洗作业结束后，应由专业技术和维修人员对油罐底板、圈板以及其他附件进行认真检查并加以维修养护。应对底板、圈板及顶板进行测厚检查，并做好记录。

② 应结合油罐清洗对油罐底板及进（出）油管线以下的圈板进行内壁防腐处理。涂刷高度不宜过大，否则应考虑静电导出措施。

92. 反应釜安全操作规程

反应釜的广义理解即有物理或化学反应的不锈钢容器，根据不同的工艺条件需求进行容器的结构设计与参数配置，设计条件、过程、检验及制造、验收需依据相关技术标准，以实现工艺要求的加热、蒸发、冷却及低高速的混配反应功能。压力容器必须遵循《钢制压力容器》（GB150—2016）的标准，常压容器必须遵循《钢制焊接常压容器》（NB/T47003.1—2009）的标准。随之反应过程中的压力要求对容器的设计要求也不尽相同。生产必须严格按照相应的标准加工、检测并试运行。在作业过程中必须遵守下列安全操作规程。

(1) 开车前的准备工作

a. 准备必要的开车工具，如扳手、管钳等；

b. 确保减速机、机座轴承、釜用机械密封油盒内不缺油；

c. 确认传动部分完好后，启动电机，检查搅拌轴是否按顺时针方向旋转，严禁反转；

d. 用氮气（或压缩空气）试漏，检查锅上进出口阀门是否内漏，相关动、静密封点是否有漏点，并用直接放空阀泄压，查看压力能否很快泄完。

(2) 开车时的安全要求

a. 按工艺操作规程进料，启动搅拌运行。

b. 反应釜在运行中要严格执行工艺操作规程，严禁超温、超压、超负荷运行；凡出现超温、超压、超负荷等异常情况，立即按工艺规定采取相应处理措施。禁止锅内出现超过规定的液位反应。

c. 严格按工艺规定的物料配比加（投）料，并均衡控制加料和升温速度，防止因配比错误或加（投）料过快，引起釜内剧烈反应，出现超温、超压、超负荷等异常情况，进而引发设备事故。

d. 设备升温或降温时，操作动作一定要平稳，以避免温差应力和压力应力突然叠加，使设备产生变形或受损。

e. 严格执行交接班管理制度，把设备运行与完好情况列入交接班程序中，杜绝因交接班不清而出现异常情况和设备事故。

(3) 停车时的要求

按工艺操作规程处理完反应釜物料后停搅拌，并检查、清洗或吹扫相关管线与设备，按工艺操作规程确认合格后准备下一循环的操作。

(4) 日常检查维护保养

a. 听减速机和电机声音是否正常，摸减速机、电机、机座轴承等各部位的开车温度情况，一般温度≤40℃，最高温度≤60℃（手背在其上可停留8s以上为正常）。

b. 经常检查减速机有无漏油现象，轴封是否完好，看油泵是否上油，检查减速箱内油位和油质变化情况，釜用机械密封油盒内是否缺油，必要时补加或更换相应的机油。

c. 检查安全阀、防爆膜、压力表、温度计等安全装置是否准确、灵敏、好用。安全阀、压力表是否已校验，并铅封完好；压力表的红线是否正确；防爆膜是否内漏。

d. 经常倾听反应釜内有无异常的振动和响声。

e. 保持搅拌轴清洁光滑，对圆螺母连接的轴，检查搅拌轴是否按顺时针方向旋转，严禁反转。

f. 定期进锅内检查搅拌、蛇管等锅内附件情况，并紧固松动螺栓，必要时更换有关零部件。

g. 检查反应釜所有进出口阀是否完好可用，若有问题必须及时处理。

h. 检查反应釜的法兰和机座等螺栓有无松动，安全护罩是否完好可靠。

i. 检查反应釜本体有无裂纹、变形、鼓包、穿孔、腐蚀、泄漏等现象；保温、油漆等是否完整，有无脱落、烧焦情况。

j. 做好设备卫生工作，保证无油污，设备见本色。

电加热不锈钢反应釜

蒸汽加热不锈钢反应釜

93. 离心机安全操作规程

离心机就是利用离心力,分离液体与固体颗粒或液体与液体的混合物中各组分的机械。离心机主要用于将悬浮液中的固体颗粒与液体分开;或将乳浊液中两种密度不同,又互不相溶的液体分开(例如从牛奶中分离出奶油);它也可用于排除湿固体中的液体,例如用洗衣机甩干湿衣服;特殊的超速管式分离机还可分离不同密度的气体混合物;利用不同密度或粒度的固体颗粒在液体中沉降速度不同的特点,有的沉降离心机还可对固体颗粒按密度或粒度进行分级。根据《离心机安全要求》(GB 19815)的要求,制定如下安全操作规程。

(1) 开车前的检查工作

开动离心机前首先检查机内有无不应当有的杂物,其次检查转鼓是否牢固地连接在主轴上,先以手用力将转鼓摇动,假如有轻微的松动感觉,应将大螺帽重新紧固,然后用手转动转鼓,重新检验是否正常。离心机在运转时声音均匀,不夹杂冲击或其他怪声和摩擦声。如有异常声响,应立即停车检验纠正。

(2) 加料

当处理膏状以块计算的物料时,加料操作则在转鼓停止运转以后进行,以免发生危险。为了降低不平衡的可能性，必须将物料尽可能地平均分配在转鼓内。当处理悬浮液时，加料操作可在离心机运转过程中，经机顶盖的孔道来进行。当处理悬浮液时，加料一直进行到滤渣充满转鼓的操作容积或根据事先计算的重量限度为止，同时不使悬浮液超过转鼓上方的提液板。

（3）启动开车

电动机开动后，由于离心机离合器的作用，离心机转鼓即逐渐增加转速，以达到最大转速时为止，启动时间一般为60s左右。假如操作时离心机开始猛烈跳动，必须立即停车，待停止运转后，将转鼓内物料重新铺匀后再开车，如仍有激烈跳动应停车检修。

（4）停车

停车使用刹车时应注意：不得刚关电门后一下子企图把车刹死，应该在开始时用较轻、短的时歇动作，将把手几收紧几放松逐步拉紧，以达到制动的目的，否则可能发生事故。

（5）安全注意事项

a. 每次使用溶剂不得超过规定限额，检修后离心机转速不得超过规定值；

b. 经常保持滤液出口畅通，以免滤液上溢；

c. 停车时必须先将电动机断电，然后使用刹车装置，开车前必须将刹车装置松开；

d. 离心机在加料时，尤其当离心块状物料时，必须将物料在转鼓内散布均匀，以免破坏离心机运转的平衡，引起猛烈振动；

e. 发现猛烈跳动、噪声等异常现象应立即停车检修，危险及不安全因素未排除前不应该使用。

（6）日常维护

a. 运行中应集中注意力，如发现危及设备及人身安全等一切不正常现象应立即停车，停稳后进行处理或向有关部门反映；

b. 每次出料后应及时发现各部连接处的松动现象，加以紧固，检查接地转鼓等各部件的完好情况；

c. 停机时应定期向轴承注入合格适量油脂，保持设备完好清洁，保持操作环境清洁。

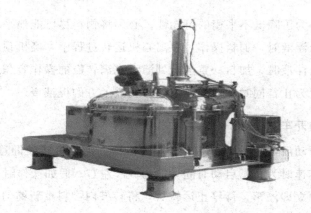

94. 气相色谱仪安全操作规程

气相色谱仪是将分析样品在进样口中汽化后，由载气带入色谱柱，通过对预检测混合物中组分有不同保留性能的色谱柱，使各组分分离，依次导入检测器，以得到各组分的检测信号。按照导入检测器的先后次序，经过对比，可以区别出是什么组分，根据峰高度或峰面积可以计算出各组分含量。通常采用的检测器有：热导检测器，火焰离子化检测器，氮离子化检测器，超声波检测器，光离子化检测器，电子捕获检测器，火焰光度检测器，电化学检测器，质谱检测器等。根据《实验室气相色谱仪》（GB/T 30431）的要求，制定本安全操作规程。

（1）仪器的安装

a. 首先在载气钢瓶上安装减压阀，连接上净化管，钢瓶同色谱仪之间用 $\phi 3\times 0.5$ 不锈钢（或聚乙烯管）连接。然后将色谱柱两头分别连接至气化室和检测器的接头上，接头处必须用紫铜垫圈。氢气和空气二气路的装接与载气相同。

b. 打开钢瓶气源，调减压阀至输出表压 0.25MPa。打开仪器上的气路控制阀，用十二烷基硫酸钠的中性溶液涂各个管接口处，观察是否漏气，如有漏气，需重新连接，再行试漏。

c. 仪器应接在稳压电源上，仪器主机部分与电子部件之间连线应注意插座种类，对号入座。接地线必须良好可靠。

(2) 仪器的操作步骤（热导池检测器）：

① 调节载气流量。将钢瓶输出压力调至 $0.2 \sim 0.5$ MPa，调节载气稳压阀，使柱前流量在选定值上。注意钢瓶的输出压力比柱前压力高 0.05 MPa 以上。

② 调节温度。开启仪器电源总开关，主机指示灯亮，鼓风机开始运转。开启柱室加热开关，加热指示灯亮，柱室升温，升温情况可用测温选择开关在测温毫伏表上读出，也可由柱室左侧水银温度计从测温孔中测得。当加热指示灯呈半亮或闪动时，表示柱室开始恒温，调节柱室温度控制，使柱室逐步恒温在所需温度上。开启气化加热，调节气化温度，使气化室升温到所需值，升温情况可通过测温选择开关由测温毫伏表读得。注意：加热时应逐步升温，防止调压加热控制得过高，使电热丝烧毁。

③ 调节电桥：

a. 调节桥电流。柱室温度恒定一段时间后，热导和氢焰选择放置在"热导"位置，开启电源开关，调节热导电流至电流表指示出选定值（N_2 作载气时，电流为 $100 \sim 150$ mA；H_2 作载气时，电流为 $150 \sim 250$ mA）。衰减置于 1/1 处。

b. 调节池平衡。等约半小时，开启记录仪电源开关，调节热导调零，使记录仪指针调到零位，改变热导电源约 5mA，如指针移动较大，则应反复调整热导平衡及热导调零，直至热导电流改变，记录仪指针移动不超过 1mA 为止。

④ 测试结果。待基线稳定后，开启记录开关，调节变速器至适宜的转速，按下记录笔，注入试样，得色谱流出曲线。

(3) 关机

a. 关记录仪各开关，抬起记录笔。

b. 将热导电流调节逆时针方向旋到头，调到电流量小后，关闭热导电源开关。

c. 关控温单元，先依次将柱室、气化室各升温旋钮逆时针方向旋到头，随即关相应电源开关。开启柱室，待柱温降至近于室温，关闭主机电源开关，先关减压阀，后关钢瓶阀门，再开启减压阀，排出阀门气体，最后旋松调节阀杆。

95. 液相色谱仪安全操作规程

液相色谱仪根据固定相是液体或是固体，又分为液-液色谱（LLC）及液-固色谱（LSC）。现代液相色谱仪由高压输液泵、进样系统、温度控制系统、色谱柱、检测器、信号记录系统等部分组成。与经典液相柱色谱装置比较，具有高效、快速、灵敏等特点。根据国家标准《高效液相色谱仪》（GB/T 26792）的要求，制定该安全操作规程。

(1) 对液相色谱仪的安全要求

① 流动相

a. 流动相应选用色谱纯试剂，高纯水或双蒸水，酸碱液及缓冲液经过滤后使用，过滤时注意区分水系膜和有机系膜的使用范围，并进行超声脱气处理。

b. 水相流动相需经常更换，一般不超过 2 天，防止长菌变质。

② 样品

a. 采用过滤和离心方法处理样品，确保样品中不含固体颗粒。

b. 用流动相或比流动相弱（若为反相柱，则极性比流动相大；若为正相柱，则极性比流动相小）的溶剂制备样品溶液，尽量用流动相制备样品液。

③ 泵

a. 泵在使用过程中不能把气泡泵入仪器。

b. 泵的清洗液体应该经常更换，一般一周一次。

c. 仪器在长期不使用时应把泵、流动相过滤器及管路保存在有机相溶液条件下。

④ 进样阀

a. 使用手动进样器进样时，在进样前和进样后都需要洗针液洗净进样针，洗针液一般选择与样品液一致的溶剂，进样前必须用样品液清洗进样针筒 3 遍以上，并排除针筒中的气泡。

b. 手动进样时，进样量尽量小，使用定量管定量时，进量体积应为定量管的 2 倍以上。

⑤ 色谱柱

a. 使用前仔细阅读色谱柱附带的说明书，注意适用范围，如 pH 值，流动相类型等。

b. 必须使用符合要求的流动相。

c. 必须使用保护柱。

d. 如所用流动相为含盐流动相，必须先用水与有机相相同比例流动相冲洗 20min 以上再换上含盐流动相反相色谱样，使用后，先用水与有机相相同比例流动相冲洗，再用纯有机相冲洗。

e. 色谱柱不使用时，应用有机相冲洗，取下后紧密封闭两端保存。

f. 不要用高压水冲洗柱子。

g. 不要在高温下长时间使用硅胶键合相色谱柱。

h. 使用过程中注意轻拿轻放。

(2) 仪器安全操作步骤

a. 将输送泵一带有过滤器的输液管插到流动相贮液瓶中，开启电源总开关，调节所需流量值；

b. 打开排气旋钮，按下高压泵启动键，待管内空气排净后，旋紧排气旋钮，此流动相流经进样阀、色谱柱、检测器，最后至废液瓶；

c. 运行约 15～20min 后，开启检测器开关，仪器进入自检功能，待自检成功后，输入所需参数值；

d. 打开色谱数据处理系统，设置参数值，然后进入基线测试，待基线稳定后，即可进样；

e. 旋转进样阀的一切换手柄于充样位置"LOAD"处，用微量进器注入样品液，把切换手柄切向"INJECT"处，按下进样开关；

f. 色谱数据工作站记录测试信号，自动处理；

g. 测试完毕后，关闭检测器电源开关。再关掉高压泵开关，输液管插到经处理的蒸馏水贮液瓶中，排气后开启泵开关，运行 1～2h，然后把已处理过的甲醇换入，运行 20min 左右，将色谱柱保存于纯净的有机溶剂中。

(3) 维护保养安全操作规程

a. 保证所有部件接地良好；

b. 尽量保持室温恒定，保持工作环境的卫生；

c. 每次测试完毕后，必须用蒸馏水对系统进行一次清洗。更换溶剂时，

保证流动系统中不形成气泡。如果更换前后的两种溶剂互不混溶,应先用与这两种溶剂都能互溶的溶剂冲洗,再用欲更换的溶剂冲洗;

d. 每次开机应注意记录流动相的流量和柱前压。如果柱子的流通性与前面不同,可能是柱子被污染堵塞,泄漏或柱温变化所致;

e. 色谱柱不论何时都不能拆卸下接头,以免损失柱效,废掉柱子。色谱柱极易被微小的颗粒杂质堵塞,使操作压力迅速升高,因此所有进入测试系统的液体都必须用 $0.45\mu m$ 孔径的滤膜过滤。见图 4-9。

图 4-9 液相色谱分析仪

96. 化验工通用安全操作规程

根据化验的内容和工作条件以及工作环境,在确保质量的前提下按照本安全操作规程执行。

① 分析人员必须认真学习有关的安全技术规程，了解设备性能及操作中可能发生事故的原因，掌握预防和处理事故的方法。

② 化验室内不准吸烟、吃食物，非工作人员不得入内。

③ 与化验室无关的易燃、易爆物品不得随意带入化验室内。

④ 化验室内应备有灭火设备。

⑤ 化验人员上岗操作时，必须穿工作服，戴规定的防护用品，如口罩、手套等。

⑥ 在实验工作中，化验人员应严格执行安全规程，按操作规程进行操作，在工作过程中，化验人员不得离岗。

⑦ 药品仓库要保持良好的通风，并做好防潮、防霉、防冻措施，经常检查。进入仓库，严禁吸烟。

⑧ 药品应放在专门的特制柜内，由专人负责保管，不能自行取用。

⑨ 可燃性物质（如汽油、煤油、酒精等）不可放在喷灯、电炉、火炉或暖气片附近，要离火源、热源2m以外。

⑩ 在倾注容易引火的物质时，禁止在附近有燃着的火焰，若有溅出，应立即用湿布擦去。

⑪ 在进行可能引起火灾或爆炸的操作（如易燃液体的蒸发、蒸馏，可燃气的发生等）时，要注意通风，并严禁吸烟。

⑫ 易于挥发的易燃性有机液体的浓缩，沸点在100℃以下的必须在水浴锅上进行；沸点在100℃以上的，必须在砂浴上或在电热板上进行，禁止用火焰或电炉直接加热。进行此类操作时应保持室内良好的通风。

⑬ 使用电炉时，底部应垫放石棉或砖头。

⑭ 在加热蒸馏用火或用电的过程中，不允许无人看管，有自动控制的仪器除外，禁止将电器用具使用过夜。

⑮ 进行有危险性的工作，如危险物料的现场取样、易燃易爆物品的处理、焚烧废液等应有第二人陪伴，陪伴人应处于能清楚地看到工作地点的地方并观察操作的全过程。

⑯ 玻璃管与胶管、胶塞等拆装时，应先用水润湿，手上垫棉布，以免玻

璃管折断扎伤。

⑰ 打开浓硫酸、浓硝酸、浓氨水试剂瓶塞时应戴防护用具,在通风橱中进行。

⑱ 夏季打开易挥发溶剂瓶塞前,应先用冷水冷却,瓶口不要对着人。

⑲ 腐蚀性物质,如过氧化氢、氢氟酸、硝酸、硫酸、王水、氢氰酸、五氧化二磷、磷酸、氢氧化钾、氢氧化钠、冰醋酸、磷、硝酸银、盐酸等触及皮肤时,应立即用大量的清水冲洗,并及时到医院处置。

⑳ 稀释浓硫酸的容器,如烧杯或锥形瓶要放在塑料盆中,只能将浓硫酸慢慢倒入水中,不能相反!必要时用水冷却。

㉑ 蒸馏易燃液体严禁用明火。蒸馏过程不得无人看管,以防温度过高或冷却水突然中断。

㉒ 化验室内每瓶试剂必须贴有明显的与内容物相符的标签。严禁将用完的原装试剂空瓶不更新标签而装入别种试剂。

㉓ 煤气灯、酒精灯应经常检查,保证无泄漏;点燃煤气灯时,室内不得无人。

㉔ 电气设备使用前,安全防护装置必须齐备完好、安全可靠。电气设备金属外壳的接零(地)保护必须可靠。

㉕ 电气开关箱内,不准堆放任何物品。

㉖ 凡电气设备超过允许温度时,必须立即停止运行。

㉗ 非电气工作人员,禁止拆修电气设备。

㉘ 所有含毒溶液,未经处理不得任意排放,必须经处理符合排放标准后,方可排放。

㉙ 所有化验室工作人员应知道暖气、水门、电门的开关,以便必要时可以随时关闭。

㉚ 如果化验室中发生意外燃烧事故,首先关闭火源(喷灯、加热器等),关闭电源,并迅速将着火点附近的可燃物移开,遇事要保持镇静,不慌,并及时采取下列办法灭火:

a. 容器内着火,可以用湿布或木板盖灭。

b. 溶液倾倒着火,用灭火沙、灭火器扑灭,切勿用水冲,因多数有机溶剂不溶于水,浮于水面,会因水流而扩大燃烧面。衣服着火,可用麻袋裹灭或倒地滚灭,切勿跳跑,如有淋浴设备可用水冲灭。

97. 制冷工安全操作规程

制冷工属于特种作业人员，必须严格按照原国家安监总局《特种作业人员安全技术培训考核管理规定》总局令第 30 号的要求，进行严格的安全技术培训，并按照本操作规程进行操作。

① 制冷剂钢瓶属于液化气体压力容器，必须遵守《压力容器安全技术监察规程》和《气瓶安全监察规程》。制冷剂钢瓶爆炸事故多出现在充装、使用、运输及储存过程中。

② 制冷剂钢瓶最大充注量为容积的 80%，严禁充满，安全阀及防震圈等安全附件必须齐全，以免发生危险。充注前要检查核对编号，确认钢瓶标识与要充注的制冷剂相同，防止混入不同的制冷剂。若含氟的制冷剂泄漏严重时应严禁明火，以防生成有毒气体而发生中毒事故。

③ 开启钢瓶时操作者应站在阀的侧面缓慢开启，瓶阀冻结时严禁用火烘烤，应用洁净的温水或将钢瓶移至较暖的地方解冻。钢瓶应轻装轻卸，严禁抛、滑、撞击，严禁将钢瓶与氧气瓶、氢气瓶等易燃易爆物品存放或运输。瓶中气体不能用尽，必须留有一定的剩余压力，钢瓶使用完毕要旋紧瓶帽。

④ 大多数制冷剂没有气味并比空气密度大，能置换室内空气中的氧气，发生大量泄漏时会有发生伤亡事故的危险，应注意机房通风。

⑤ 制冷剂氨具有毒性，易燃易爆，对铜及铜合金有腐蚀作用，且极易溶于水。

⑥ 压缩机启动时禁止猛开吸气阀门，以防止在湿环境下冲程引发事故。开启阀门时为防止阀芯卡住，要求转动手轮在接近全开时不应过快，当开足后应将手轮回转 1/8 圈左右。压缩机初次启动时应对电动机瞬时通电、断电，确认压缩机的启动状态及转向。

⑦ 管道焊接前应将系统内制冷剂排尽，焊接完毕应对系统进行排污，检漏及试压应使用工业干燥氮气。使用氮气试压吹污时，氮气瓶口应装设减压阀。

⑧ 为防止主机换热管道在冬季可能发生冻裂，应该将系统中残存的水放净。若换热器上的安全阀产生了动作，就必须对安全阀进行一次试压。应正确

使用制冷系统中安装的安全保护装置，如高低压保护装置、冷水及冷却水流量开关、安全阀等设备。

⑨ 离心式制冷压缩机工作在喘振区时，因转子沿轴向大幅度来回窜动、高压气体倒流、电机交替出现轻载及重载、机组出现剧烈振动，应及时找出原因避免压缩机损坏。

⑩ 压缩机油温过高或过低，或溶入了大量的制冷剂时油大量起泡沫，使轴承油膜不稳定时会使转子产生振动，损坏机组。因此，操作时认真监视，发现问题立即进行处理，以免造成事故的发生。

98. 化学试验工安全操作规程

① 配制稀硫酸时，必须在烧杯和锥形瓶等耐热容器内进行，并必须缓缓将浓硫酸加入水中。配制王水时，应将硝酸缓缓注入盐酸，同时用玻璃棒搅拌，不准用相反次序操作。

② 一切试剂瓶都要有标签。有毒药品要在标签上注明。

③ 溶解氢氧化钠、氢氧化钾等发热物质时，必须置于耐热容器内进行。

④ 严禁试剂入口。如需要以鼻鉴别试剂时，须将试剂瓶远离，用手轻轻扇动，稍闻其气味，严禁鼻子接近瓶口。

⑤ 折断玻璃管（棒）时，须用钢锉在折断处锉一小槽，再垫布折断。使用时要把断口烧成圆滑的形状。如将玻璃管（棒）插入橡皮管或橡皮塞时，应垫布插入，防止折断伤手。

⑥ 严禁食具和器具混在一起或互相挪用。

⑦ 易发生爆炸的操作，不得对着人进行。进行熔融操作时，坩埚口不得对着人，并应事先避免可能发生的伤害。必要时应戴好防护眼镜或设置防护挡板。

⑧ 一切产生有毒气体的操作，须于通风橱内进行。通风装置失效时禁止操作。

⑨ 一切固体不溶物及浓酸严禁倒入水槽，以防堵塞和腐蚀下水道。

⑩ 身上或手上沾有易燃物时，应立即洗干净，不得靠近明火。

⑪ 开启液体药品大瓶时，须用锯将石膏锯开。禁止用其他物品敲开，以免瓶子损坏。

⑫ 处理后的浓酸和浓碱废液，必须先将水门放开，方可倒入水槽。一切废液，如有害物质超过安全标准，则应先行处理，不准直接排入下水系统。

⑬ 高温物体（灼热的磁盘或烧坏的燃烧管等）要放于不能起火的地方。

⑭ 取下正在沸腾的水或溶液时，须先用烧杯夹子轻轻摇动后才能取下，以免使用时突然沸腾而溅出伤人。

⑮ 使用酒精灯、煤气灯时，注意防止无色火焰烫伤。

⑯ 蒸馏易挥发和易燃液体所用的玻璃器具必须完整无缺陷。禁止用火直接加热。

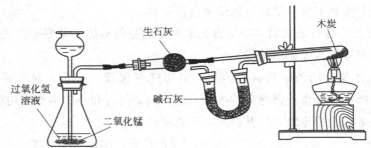

99. 制氧工安全操作规程

氧化工艺按照原国家安监总局颁布的《首批重点监管的危险化工工艺目录》（安监总管三〔2009〕116号）是属于危险化工工艺，同样，制氧工的工作也是相当危险的，为了确保制氧过程的安全，必须遵守如下安全操作规程。

① 全体职工必须经常学习，严格执行安全技术操作规程，充分认识安全生产的重要性，牢固树立"安全第一，预防为主，综合治理"的思想，认真履行安全职责。

② 上班前应穿工作服、戴安全帽及其他劳动保护用品，禁止穿过长的衣服进入生产现场，长发应扣入工作帽内。在操作中严格遵守工艺纪律、劳动纪律，杜绝和抵制违章作业。当班期间不允许酗酒、打架闹事。当班期间发生事故，班后要认真召开事故分析会，做到"四不放过（事故原因不清不放过、责任者没有受到处理不放过、事故责任人和其他操作人员没有受到教育不放过、没有防范措施不放过）"。

③ 设备、压力容器检修前必须卸尽其内部压力，并进行置换，同时需要加隔离盲板的要及时加上并做好记录，待上述工作完成后方可进行检修。

④ 抽插盲板或进塔入罐检修时，必须办好安全检修许可证，并有专人监护。高空作业（2m以上）应佩戴安全带、安全帽。

⑤ 生产区严禁吸烟，有毒有害气体浓度不得超过规定范围。因检修等必须在生产区动火时，要提前办理动火证明，经取样分析合格并签字允许后方可动火，同时要做好安全措施（固定动火区除外）。

⑥ 在发生爆炸着火时，应立即采取必要的抢救措施，戴好护具进行抢救，同时要立即通知有关部门增援。

⑦ 对本岗位的消防器材和防护用具要注意保管，并会正确使用和佩戴，不得擅自挪动，无事故情况下不准私自使用消防器材和防护用具，用后应及时联系有关部门进行更换，使其经常处于备用状态。

⑧ 仪表、安全阀及其他安全装置应定期校验，确保安全可靠。

⑨ 当生产系统的电气设备发生故障时，非电气检修人员不得擅自对此电气设备进行修理。电气设备着火时，应首先切断电源，用四氯化碳灭火器灭火。

⑩ 岗位应有足够的照明，生产现场的巡检和安全通道禁止堆放杂物，保持道路畅通。

⑪ 经常学习安全技术操作规程，了解外单位发生的安全事故实例，认真总结经验，掌握安全知识，严格执行各项安全生产规章制度，避免安全事故的发生。

100. 化工仪表工安全操作规程

化工仪表工属于特种作业人员，必须严格按照原国家安监总局《特种作业人员安全技术培训考核管理规定》总局令第 30 号的要求，进行严格的安全技术培训，并按照本操作规程进行操作。

① 仪表工应熟知所操作和使用的仪表以及有关电气和有毒液体、气体的安全知识。

② 在一般情况下不允许带电查、验、调试仪表柜，必要时须穿戴好绝缘鞋、手套，并须两人以上方能操作。

③ 操作有毒气体的仪表管道时，需打开通风装置，站在上风方向。穿戴必要的防护用品，并须两人以上方能操作。

④ 定期计量和校验仪表的灵敏度。经常检查仪表的运行情况，不得超量程运行。严禁无关人员拨动仪表。

⑤ 内充汞的仪表的调整，应在远离人员集中的地方进行。禁止用嘴吹或用手直接接触汞。汞面上必须覆盖一层水。所使用的专用设备、工具等物不得作其他用途。

⑥ 电线、电缆要经常检查，须绝缘良好。电线周围地方不准潮湿和温度过高。

⑦ 在高空管道或者有易燃易爆物体的地方操作时，应遵守"高处作业安全技术规程"和易燃易爆场所的安全规定。

⑧ 在高温条件下操作时，工作现场周围须加设必要的防护隔热设施，以防灼伤或烫伤。

⑨ 不准在仪表室（盘）周围安放对仪表灵敏度能产生干扰的设备、线路和管道等，也不得堆放产生腐蚀性气体的化学物品。

⑩ 应先切断压力源、电源、气源、水源，才能进行拆除、安装、调试仪表工作。